# Semillas estelares y espiritualidad pleyadiana

*Una guía celestial para la iluminación y el crecimiento personal*

© Copyright 2025

Todos los derechos reservados. Ninguna parte de este libro puede ser reproducida de ninguna forma sin el permiso escrito del autor. Los revisores pueden citar breves pasajes en las reseñas.

Descargo de responsabilidad: Ninguna parte de esta publicación puede ser reproducida o transmitida de ninguna forma o por ningún medio, mecánico o electrónico, incluyendo fotocopias o grabaciones, o por ningún sistema de almacenamiento y recuperación de información, o transmitida por correo electrónico sin permiso escrito del editor.

Si bien se ha hecho todo lo posible por verificar la información proporcionada en esta publicación, ni el autor ni el editor asumen responsabilidad alguna por los errores, omisiones o interpretaciones contrarias al tema aquí tratado.

Este libro es solo para fines de entretenimiento. Las opiniones expresadas son únicamente las del autor y no deben tomarse como instrucciones u órdenes de expertos. El lector es responsable de sus propias acciones.

La adhesión a todas las leyes y regulaciones aplicables, incluyendo las leyes internacionales, federales, estatales y locales que rigen la concesión de licencias profesionales, las prácticas comerciales, la publicidad y todos los demás aspectos de la realización de negocios en los EE. UU., Canadá, Reino Unido o cualquier otra jurisdicción es responsabilidad exclusiva del comprador o del lector.

Ni el autor ni el editor asumen responsabilidad alguna en nombre del comprador o lector de estos materiales. Cualquier desaire percibido de cualquier individuo u organización es puramente involuntario.

# Su regalo gratuito

¡Gracias por descargar este libro! Si desea aprender más acerca de varios temas de espiritualidad, entonces únase a la comunidad de Mari Silva y obtenga el MP3 de meditación guiada para despertar su tercer ojo. Este MP3 de meditación guiada está diseñado para abrir y fortalecer el tercer ojo para que pueda experimentar un estado superior de conciencia.

https://livetolearn.lpages.co/mari-silva-third-eye-meditation-mp3-spanish/

## ¡O escanee el código QR!

# Índice

**PRIMERA PARTE: SEMILLAS ESTELARES** ............................................................... 1
   INTRODUCCIÓN ........................................................................................... 3
   CAPÍTULO 1: ¿QUÉ ES UNA SEMILLA ESTELAR? ................................. 5
   CAPÍTULO 2: SEMILLAS ESTELARES VS. ÍNDIGOS ............................. 13
   CAPÍTULO 3: ACTIVAR TU SER CÓSMICO .......................................... 20
   CAPÍTULO 4: SEMILLAS ESTELARES ANDROMEDANAS .................. 29
   CAPÍTULO 5: SEMILLAS ESTELARES PLEYADIANAS ......................... 36
   CAPÍTULO 6: SEMILLAS ESTELARES SIRIAS ....................................... 42
   CAPÍTULO 7: SEMILLAS ESTELARES LYRANAS .................................. 48
   CAPÍTULO 8: SEMILLAS ESTELARES DE ORIÓN ................................ 55
   CAPÍTULO 9: SEMILLAS ESTELARES ARCTURIANAS ....................... 61
   CAPÍTULO 10: SEMILLAS ESTELARES DE VEGA ................................ 67
   CAPÍTULO 11: SEMILLAS ESTELARES MALDEKIANAS ..................... 73
   CAPÍTULO 12: SEMILLAS ESTELARES AVIARIAS ................................ 79
   CAPÍTULO 13: SEMILLAS ESTELARES LEMURIANAS Y
   ATLANTES ..................................................................................................... 85
   CAPÍTULO 14: TU MISIÓN TERRENAL ................................................. 92
   CONCLUSIÓN ............................................................................................... 100

SEGUNDA PARTE: ESPIRITUALIDAD PLEYADIANA ..................................103
   INTRODUCCIÓN ...............................................................................105
   CAPÍTULO 1: BIENVENIDOS A LAS PLÉYADES ........................107
   CAPÍTULO 2: SEMILLAS ESTELARES PLEYADIANAS .............115
   CAPÍTULO 3: SABIDURÍA PLEYADIANA......................................126
   CAPÍTULO 4: ASTROLOGÍA PLEYADIANA .................................137
   CAPÍTULO 5: LOS PLEYADIANOS Y LA ERA DE ACUARIO...................144
   CAPÍTULO 6: CARTAS NATALES DE SEMILLAS ESTELARES.................150
   CAPÍTULO 7: IDENTIFICANDO SUS ORÍGENES PLEYADIANOS .........156
   CAPÍTULO 8: EL LENGUAJE DE LA LUZ PLEYADIANA...........164
   CAPÍTULO 9: CONECTANDO CON UN GUÍA PLEYADIANO ................177
   CAPÍTULO 10: SANACIÓN Y TRABAJO DE LA LUZ...................191
   CONCLUSIÓN ...................................................................................200
   GLOSARIO..........................................................................................203
VEA MÁS LIBROS ESCRITOS POR MARI SILVA.............................................205
SU REGALO GRATUITO .......................................................................206
REFERENCIAS ........................................................................................207
FUENTES DE IMAGENES ....................................................................210

# Primera Parte: Semillas Estelares

*Descubre los secretos de tu familia de Semillas Estelares junto con niños y adultos índigo*

# Introducción

Semillas Estelares es una fascinante exploración del concepto de vida extraterrestre y su impacto en la humanidad. Porque, ¿qué es la vida sino un acontecimiento cósmico? ¿Y qué es el cosmos si no está vivo y en constante movimiento? ¿Qué es la humanidad sino una parte integral de todo ello, una que ha experimentado incontables vidas anteriores y que experimentará incontables más en el futuro? ¿Y dónde empieza todo, si no es en las estrellas?

El libro ahonda en la idea de que algunos individuos de la Tierra pueden proceder de otros planetas o sistemas estelares y poseer habilidades y perspectivas únicas que los diferencian del resto de la humanidad. Basándose en una gran cantidad de investigaciones científicas y enseñanzas espirituales, Semillas Estelares ofrece un argumento convincente sobre la existencia de estos seres y su papel en la configuración de nuestro mundo. Desde los antiguos mitos y leyendas hasta los modernos encuentros con ovnis, el libro recorre la historia de nuestra fascinación por los extraterrestres y explora el significado de ser una Semilla Estelar en el mundo actual.

Profundiza en las diversas características de las Semillas Estelares, como su gran intuición, sus capacidades psíquicas y su sensibilidad a la energía. Además, explora los retos a los que se enfrentan en un mundo que a menudo los malinterpreta a ellos y a su propósito. A pesar de estos retos, las Semillas Estelares siguen desempeñando un importante papel en la mejora de nuestro mundo. Ofrecen un mensaje de esperanza e inspiración a quienes buscan marcar la diferencia en el mundo y crear un futuro mejor para toda la humanidad.

El libro también ofrece una visión sobre la experiencia de las Semillas Estelares y las diferentes formas en que puede manifestarse. Describe el papel de estas personas en las diversas situaciones del mundo y nos guía a través de una amplia gama de prácticas curativas y espirituales que pueden ayudar a lograr un mayor equilibrio en el mundo. Y lo que es más importante, nos enseña que no importa de dónde vengamos, todos formamos parte de una única familia cósmica y estamos conectados a través de nuestros pensamientos, emociones y acciones. Todos somos uno en el infinito mar de la vida.

Semillas de estrellas es una lectura obligada para todos los interesados en los misterios del universo y en el lugar que ocupamos en él. Tanto si eres escéptico como creyente, este libro desafiará tus suposiciones sobre la realidad y abrirá tu mente a nuevas posibilidades. Acompáñanos en este viaje hacia lo desconocido mientras exploramos el universo y desvelamos los secretos de nuestras almas.

# Capítulo 1: ¿Qué es una Semilla Estelar?

El término "Semilla Estelar" está popularmente asociado al despertar espiritual, a un viaje introspectivo y a un cambio evolutivo de perspectiva. Es un término cargado de significado, pero que puede resultar difícil de entender debido a su confusa naturaleza. Se entiende que las Semillas Estelares son individuos espiritualmente evolucionados, intuitivos, psíquicos y sensibles a las energías que emanan en la Tierra. A su vez, son personas que pueden sentir que no pertenecen a este lugar o que son de otro planeta, y hay una buena razón para ello.

Las Semillas Estelares han vivido vidas pasadas en otras galaxias y dimensiones y han

Las Semillas Estelares suelen estar muy conectadas espiritualmente con su entorno [1]

elegido encarnarse en la Tierra, en este momento, para ayudar en el proceso de ascensión del planeta. Han venido en solidaridad con Gaia para trascender las limitaciones de la realidad tridimensional y co-crear un nuevo mundo basado en el amor, la armonía y la unidad. Han sido atraídos a la Tierra porque contienen las semillas de la ascensión en su interior y están encarnados aquí para ayudar físicamente al nacimiento de un nuevo mundo.

Las Semillas Estelares son un colectivo, un grupo interdimensional de seres altamente evolucionados que tienen una conexión única y notable con su "yo superior", o el Creador, y con otros seres del mismo sistema estelar y otras civilizaciones avanzadas. Ser una Semilla Estelar es un estado de ser una impronta energética que se lleva de vida en vida. Es el don de experimentar la evolución espiritual y la trascendencia mientras se vive en forma física.

Desde una perspectiva espiritual, se cree que las Semillas Estelares sirven como mensajeros del amor, una forma de energía divina o comunicación de esta fuerza que atraviesa todas las dimensiones de la existencia. Como una señal de radio, transmiten o "emiten" en una frecuencia específica que otros seres de resonancia vibratoria similar pueden recibir. Ser una Semilla Estelar es estar abierto y receptivo a recibir esta energía, comprender su propósito y reconocer que esta es la energía y la fuerza que han creado todos los mundos, galaxias y universos a través de todo el multiverso.

La firma energética de una Semilla Estelar combina una frecuencia galáctica específica o un conjunto de códigos estelares correspondientes a su linaje y propósito específico aquí en la Tierra. Estos códigos estelares se superponen a la firma energética natural de una persona, algo así como "una plantilla" que determina cómo aparecerá uno en esta vida.

## Las Semillas Estelares y el "Cambio de las Eras"

El concepto de Semilla Estelar no es nuevo. Hace miles de años, a la gente se le enseñó que habría generaciones futuras cuyo trabajo sería mantener el conocimiento y la sabiduría del pasado para que la civilización pudiera progresar lentamente hacia nuevos niveles de conciencia; por lo tanto, estas generaciones futuras serían consideradas como "los guardianes de la luz" o "Semillas Estelares".

Según canalizadores como Tom Kenyon, el proceso de ascensión es un cambio multidimensional en la conciencia planetaria que incluye el sistema solar y la galaxia Vía Láctea. Este cambio se ha denominado "ascensión masiva" o "ascensión de la Tierra y la humanidad" (también conocida como "ascensión planetaria").

A medida que las energías de la luz cósmica y el amor descienden a través del sol y entran en las rejillas de la Tierra, se desencadena una respuesta dentro de la humanidad. Esto desencadena un impulso evolutivo para volver a nuestro estado original de unidad y conexión con toda la creación. Como tal, se dice que las personas naturalmente sensibles a estas energías entrantes están experimentando un despertar espiritual o un proceso de ascensión dentro de su constitución individual. Se cree que las Semillas Estelares están aquí para ayudar a la humanidad a través de este proceso, actuando como catalizadores en el cambio de conciencia.

Muchos creen que estamos atravesando una Era de Iluminación, y que más personas que nunca en la Tierra están accediendo a sus capacidades y potencial innatos. Gran parte de este acceso o despertar proviene de la afluencia de nueva energía que está siendo enviada a través de las redes del planeta en este momento.

Se cree que las Semillas Estelares forman parte de esta Era porque representan a aquellos que han trascendido la ilusión en la que residimos y han regresado a la Tierra como mensajeros. En última instancia, nos ayudan a liberarnos de nuestros pensamientos, creencias y condicionamientos limitantes para que podamos crecer y saber quiénes somos realmente y vivir conscientemente desde ese lugar.

Muchas personas están experimentando actualmente este "cambio" o despertar de conciencia. Este proceso consiste en transformar la experiencia humana para que esté más en línea con la verdad de lo que somos. Está ocurriendo a nivel personal, pero también está ocurriendo en masa a medida que la humanidad crece colectivamente a través de su proceso evolutivo desde las viejas formas de pensar, ser y hacer. Se cree que la frecuencia de nuestro planeta ha cambiado, y estos cambios seguirán ocurriendo a medida que evolucionemos hacia una realidad de dimensiones superiores.

## ¿Por qué son importantes las Semillas Estelares?

Las Semillas Estelares son una parte importante de nuestro "rompecabezas global" y un aspecto vital del proceso de ascensión que está ocurriendo ahora mismo. Representan un movimiento único de evolución que está ocurriendo aquí en el planeta Tierra, y su presencia apunta al hecho de que estamos en medio de un cambio multidimensional y de un nuevo capítulo en la experiencia humana.

El "Cambio de Era" traerá consigo nuevas formas de aprender, pensar y experimentar la realidad tal y como la conocemos. Nuestra comprensión fundamental de nosotros mismos como seres humanos cambiará a medida que evolucionemos hacia estados superiores de conciencia. En este momento de la historia, la humanidad está siendo empujada fuera de sus zonas de confort y forzada a pasar por un intenso y doloroso proceso de ascensión que cambiará para siempre la conciencia del planeta. Esto significa ver la realidad bajo una luz completamente nueva y liberarse de viejos hábitos, formas de pensamiento, sistemas de creencias, paradigmas y patrones de pensamiento condicionados que nos han mantenido encerrados en la esclavitud durante generaciones. También traerá consigo un sentimiento de unidad con toda la humanidad porque empezaremos a vernos y conocernos de una forma que nunca ha sido posible.

Para evolucionar como seres humanos, debemos comprender que el proceso no es lineal ni secuencial. Esto significa que no todo el mundo está pasando por el mismo proceso y que hay diferencias en cómo cada persona trabaja a través de su proceso evolutivo personal. Aunque nuestros caminos individuales son únicos, debemos esforzarnos por intercambiar experiencias con otras personas que también se estén abriendo a estos nuevos niveles de conciencia. Debemos recordar que no estamos solos, y es muy útil conectar con otros que han recorrido caminos similares y pueden entender por lo que estamos pasando.

Muchas personas experimentarán una "descarga" o infusión de conciencia colectiva durante este tiempo. Es como si partes dormidas de ellos mismos -partes que han estado dormidas durante eones o suprimidas por las limitaciones de la tercera dimensión- volvieran a estar en movimiento. Algunas personas tienen experiencias diarias con "descargas", que pueden ser una poderosa fuente de información y guía.

Cada una de estas descargas consiste en percepciones y sabiduría que los ayudan a romper viejos esquemas, patrones de pensamiento limitantes y sistemas de creencias negativas para que puedan avanzar en su propia evolución personal. Algunas personas se sentirán como si estuvieran "en medio de una película", y las escenas que se desarrollan ante ellos les muestran cómo avanzar hacia un nivel superior de conciencia. Otros experimentarán una profunda sensación de sincronicidad, que es una parte natural de nuestra interconexión con los demás y con el universo.

Las Semillas Estelares han sido mencionadas en innumerables libros, películas y documentales. Es casi imposible leer un libro sobre ovnis, extraterrestres o canalización sin encontrar el término "Semillas Estelares" de alguna forma. Algunas menciones dignas son El Dios de Acuario de Brad Steiger, La Clave de la Sincronicidad de Corey Goode y David Wilcock, y Mensajeros del Engaño de Jacques Vallee. Las Semillas Estelares también han sido mencionadas por famosos canalizadores y médiums como James Tyberonn, Sheldan Nidle, Benjamin Crème, Dolores Cannon y Barbara Marciniak. Hay muchos otros, pero estos pocos en particular han ganado un gran número de seguidores y son nombres bien conocidos dentro de la "comunidad de la conciencia".

La popular Youtuber, Spirit Nomad, ha hablado sobre su despertar como Semilla Estelar y ha descrito el viaje de convertirse en una Semilla Estelar como su "Escalera Apocalíptica", que es una metáfora adecuada para la transformación multidimensional por la que ha pasado. Otra Semilla Estelar, Zoey Arielle, ha creado un vlog dedicado a ayudar a la gente a despertar como Semillas Estelares para que puedan aprender a sanar, crecer y ser más auto-empoderados en el proceso. El fenómeno de las Semillas Estelares ha sido descrito de muchas maneras por diferentes personas y canalizadores a lo largo de los años. Sin embargo, todos parecen tener en común que sintieron la necesidad de alejarse de las limitaciones de la realidad tridimensional y buscar niveles superiores de conciencia.

## ¿Eres una Semilla Estelar?

Innumerables personas se consideran Semillas Estelares, pero algunos se preguntan si realmente lo son. Probablemente quieras saber si eres una Semilla Estelar porque estás atravesando un intenso proceso de despertar y quieres comprenderlo mejor. Es posible que quieras respuestas concretas sobre el origen de tus experiencias y lo que significan para tu vida. Para ayudarte a saber si puedes ser una Semilla Estelar, aquí tienes algunas de las características más comunes que comparten estas personas. Comprueba si alguna de ellas resuena contigo.

### 1. Sientes que no encajas en ningún lugar

¿Sientes que no perteneces al planeta Tierra? ¿O que tu alma es de otro lugar y llevas poco tiempo aquí? Muchas Semillas Estelares se identificarán con este sentimiento, ya que es algo común. Esto se debe a que las Semillas Estelares vienen a nuestro planeta desde otros lugares del universo y han vivido en otras dimensiones antes de venir aquí. Por eso, adaptarse a la vida en una realidad de tercera dimensión puede llevar algún tiempo. También puedes sentir que no encajas en tu familia, sociedad o incluso en tu equipo de trabajo. Como Semilla Estelar, es posible que te sientas como un extraño en la vida terrestre y que seas marginado por personas que no comprenden tu forma de pensar y de ser.

### 2. Eres muy sensible

Ser un empático es otro rasgo común de las Semillas Estelares, y también pueden tener algunas otras sensibilidades o rarezas que pueden presentarse durante su proceso de despertar. Las Semillas Estelares tienden a ser muy sensibles al sonido, la luz, los productos químicos en los alimentos y otras sustancias. También suelen ser sensibles a ciertos tipos de música o lugares en los que no se sienten cómodos. Algunos son sensibles a la comida y otros no pueden tolerar alérgenos comunes como el trigo, los cereales, los lácteos o incluso la mayoría de las carnes. Algunas Semillas Estelares ni siquiera pueden soportar comer algo enlatado o de una caja procesada.

### 3. Es posible que sientas que te están "creciendo alas"

Muchas Semillas Estelares dicen sentirse más livianas y con una sensación de libertad a medida que atraviesan el proceso de despertar. A medida que elevas tus vibraciones, a menudo pasas por el desprendimiento de muchas capas que te han estado "reteniendo". Esto puede compararse a que te arranquen la proverbial "bandita adhesiva", ya que al principio puede ser muy incómodo. También es posible que te sientas inseguro sobre lo que está pasando en tu vida y te preguntes si hay algo más que debas hacer.

### 4. Sueñas con una "Ascensión"

Ascensión es un término que significa elevarse y pasar a un nivel superior de conciencia espiritual. A medida que avanzamos en nuestro proceso de despertar, muchos de nosotros experimentaremos esta ascensión desde la perspectiva de soñar o tener sueños lúcidos. Muchas Semillas Estelares informan de esta sensación y ven imágenes vívidas y detalladas en sus sueños sobre cómo puede ser su ascensión. A menudo, estos sueños contienen información sobre tu familia de Semillas Estelares y el proceso de ascensión. También puedes tener sueños sobre otros seres con los que estás trabajando para elevar tus vibraciones.

### 5. Sientes una gran sensación de emoción, alegría y amor

Las Semillas Estelares suelen tener un sentido del conocimiento muy agudo y pueden acceder a información sobre el futuro incluso antes de que ocurra. También pueden tener la sensación interna de que todo está a punto de cambiar. Muchas Semillas Estelares dirán que pueden sentir este tipo de emoción en su cuerpo cuando se produce el despertar y que continuarán experimentándola a medida que avanzan en el proceso. Avanzar hacia la conciencia superior se siente bien, especialmente si te has estado resistiendo de alguna manera o estás atascado en viejos patrones y creencias. A medida que avanzas, tu vida puede empezar a sentirse más enérgica y emocionante. Puedes empezar a hacer elecciones nuevas y audaces que alineen tu vida más estrechamente con tus deseos.

### 6. Has tenido muchas experiencias psíquicas

Muchas Semillas Estelares han tenido experiencias psíquicas iluminadoras que las han llevado a sentir curiosidad por la naturaleza de la realidad y de la vida en general. Suelen sentir una fuerte conexión con su intuición, la voz del espíritu interior y varios guías o ángeles que descienden para ayudarlos en su viaje. Puede que no siempre entiendan lo que ocurre o qué pensar de ello, pero saben que deben prestar atención y aprender. Muchos están muy interesados en la naturaleza de nuestra verdadera realidad espiritual y buscan comprender mejor cómo encaja nuestra alma en el panorama general.

### 7. Sientes una fuerte conexión con tu espíritu

Muchas Semillas Estelares en realidad desarrollan una conciencia de la verdadera naturaleza de nuestra alma a medida que ésta se abre paso a través de su forma física en capas como un capullo. Mientras atraviesas nuestro proceso de despertar, puedes tener una fuerte sensación de que estás en presencia de tu espíritu y puedes sentir su presencia dentro de ti. Es como si se "desplegara" y te desplegara a ti en el proceso. Empezarás a escuchar la voz de tu intuición y a confiar más en ella a medida que avanzas en este proceso. Esta voz del espíritu te ayudará a tomar decisiones que muevan tu vida en una dirección más positiva.

## 8. Estás convencido de que hay vida en otros planetas

Muchas Semillas Estelares son muy conscientes de que hay vida en otros planetas, así como seres que ya han completado su proceso de ascensión y existen en una dimensión superior de conciencia. Pueden tener un sentimiento de conexión con otras formas de vida que no comparten nuestro planeta verde azulado, y a menudo están muy interesados en información sobre extraterrestres o fenómenos paranormales. Esta curiosidad surge de su conexión innata con el reino espiritual y su deseo de conocer la naturaleza de la realidad y nuestros verdaderos orígenes. Muchas Semillas Estelares también tienen afinidad por aprender sobre nuestro antiguo pasado, ya que a menudo les da la sensación de estar conectados a las raíces mismas de la civilización humana.

Como puede ver, las Semillas Estelares pueden tener muchas experiencias diferentes como parte de su proceso de despertar. Aunque estos puntos pueden ser ciertos para algunas personas, no están garantizados. No hay una regla fija sobre cómo te ocurrirá un despertar. Suele ser una combinación de todo tipo de cosas que se juntan a la vez, y que sientas o no que tienes una nueva "fase" en tu vida realmente depende de ti. De lo que puedes estar seguro es de que si tienes pensamientos de despertar, es probable que estés experimentando algo de gran importancia en tu vida, y deberías tratar de explorar lo que sea de cualquier manera que puedas.

# Capítulo 2: Semillas Estelares vs. Índigos

Si alguna vez has leído sobre los Niños Índigo o las Semillas Estelares, te habrás dado cuenta de que a menudo coinciden en sus descripciones y características. Se cree que ambos poseen habilidades especiales y un fuerte sentido de propósito, y a menudo sienten que no encajan con el resto de la sociedad. Sin embargo, mientras que se dice que los Niños Índigo han nacido con la misión específica de desafiar y cambiar el statu quo, se cree que las Semillas Estelares han venido de otros planetas o dimensiones para ayudar a guiar a la humanidad hacia un futuro más positivo.

Se cree que las Semillas Estelares tienen una misión específica, como Thor salvando Midgard '

## ¿Quiénes son los Índigos?

Un término relativamente nuevo, "niños índigo", fue introducido por una mujer californiana llamada Nancy Ann Tappe a principios de los años noventa. Su libro, *Comprender Tu Vida a Través Del Color*, afirma que los niños nacidos entre 1977 y 1994 son los Niños Índigo, la última etapa de la evolución humana. Supuestamente, estos niños nacieron con grandes habilidades de supervivencia, pero también poseían capacidades avanzadas de comunicación, demostraban una madurez emocional superior a la de su edad, sentían una profunda compasión por otros seres y tenían el deseo de ayudar a los demás. A menudo diagnosticados erróneamente con TDA o TDAH, las mentes hiperactivas de estos niños los convertían en inadaptados en sus escuelas locales, y debido a su aguda capacidad para ser conscientes del mundo que los rodeaba (a lo que ella se refería como sensibilidad psíquica) y al hecho de que iban en contra de la norma, a menudo les resultaba difícil integrarse en la sociedad.

El trabajo de Tappe caló hondo en muchas personas cuyos hijos se comportaban de forma atípica y, en las décadas que siguieron a su libro, muchos otros autores empezaron a adoptar el término "niño índigo" y a utilizarlo en sus obras. Describían a estos niños como espirituales, creativos e inteligentes, pero inadaptados a la escuela y a la sociedad. Algunas fuentes incluso afirman que estos niños llevan aquí desde los años 60, pero que justo ahora se están dando a conocer. Según algunas fuentes, Internet ha desempeñado un papel importante en este cambio de conciencia de muchos de estos niños, que de otro modo se habrían sentido solos con sus dones únicos.

Los críticos del fenómeno Índigo afirman que estos niños tienen una imaginación hiperactiva y que sus sentidos psíquicos simplemente se atribuyen a cosas que en realidad no son. Otros afirman que los Niños Índigo no son más que niños que buscan llamar la atención y que pueden o no tener realmente las habilidades que Nancy Tappe afirma que tienen.

Independientemente de lo que creas sobre los Niños Índigo, no se puede negar que el concepto es cada vez más conocido en nuestra cultura. Creas o no en la etiqueta de Niño Índigo, es fácil ver que muchos niños de hoy en día parecen estar haciendo frente a un nivel extremadamente elevado de sensibilidad y conciencia que puede hacer que se sientan como extraños en un mundo que valora la conformidad y la atención.

## Niños Índigo vs. Semillas Estelares

Si bien los libros de Nancy Tappe se centran en los niños Índigo, no mencionan explícitamente a las Semillas Estelares. No fue hasta finales de los 90 cuando los investigadores empezaron a utilizar el término "Semilla Estelar" para englobar a los niños Índigo y a otros espíritus no humanos que se manifiestan lentamente en el plano terrestre.

Mientras que la etiqueta Índigo es una subcategoría de Semilla Estelar o Niño Estelar, algunas personas creen que estos dos términos son sinónimos y son utilizados indistintamente por muchos investigadores en todo el mundo. Normalmente, la mayoría de las fuentes mencionan ambas etiquetas a la vez porque están muy interrelacionadas.

Los Niños Índigo fueron la primera oleada de Semillas Estelares que llegaron al planeta, y nacieron en este mundo con la habilidad de manejar el despertar espiritual que está ocurriendo en muchos niveles. Ellos son quienes eligieron encarnar (tomar un cuerpo físico) durante el período más desafiante que cualquier ser humano ha enfrentado desde la destrucción de la Atlántida, y aunque pueden luchar con sus habilidades psíquicas (y pueden ser etiquetados como "buscadores de atención" a causa de ellas), tienen el potencial de cambiar nuestra conciencia de una manera que las generaciones anteriores simplemente no pudieron.

Las Semillas Estelares llegan constantemente al plano terrestre en oleadas. Cada ola tiene una misión ligeramente diferente dependiendo de dónde nos encontremos en nuestra conciencia global cuando llegan. Los Niños Índigo son la primera ola, y están aquí para ayudarnos a despojarnos de nuestra realidad 3D dominada por el miedo y el control para que podamos abrazar un nuevo paradigma de amor y unidad. Tuvieron que lidiar con los intensos desafíos de vivir en un mundo que constantemente los malinterpretaba. Sin embargo, fueron esos niños los que iniciaron el proceso de despertar espiritual de un modo que permitió que todos los demás les siguieran.

## ¿De dónde vienen los Índigos?

Existen muchas especulaciones sobre la procedencia de los Niños Índigo. Algunos creen que son las almas reencarnadas de antiguos seres que una vez caminaron sobre la tierra, mientras que otros creen que en realidad fueron enviados a nosotros desde otros planetas avanzados para ayudar a arrojar luz sobre algunos de los problemas que plagan nuestro planeta.

Otros afirman que los Índigos han estado presentes a lo largo de la historia de la humanidad, pero que hasta ahora no se les había reconocido por lo que eran.

Drunvalo Melchizedek es un investigador muy convencido de que los Niños de las Estrellas están aquí desde mucho antes de los años noventa. Ha convertido en la misión de su vida difundir el mensaje sobre los índigos y afirma: "Las Semillas Estelares han estado aquí desde el principio de los tiempos. Sólo han estado dormidas durante un tiempo". El Dr. David Icke es otro destacado investigador que escribe sobre los Niños de las Estrellas y afirma que los Índigos han estado aquí durante muchas generaciones.

Independientemente de dónde miremos, muchas fuentes apuntan a un aumento del número de personas que encajarían en la subcategoría de Niños de las Estrellas Índigo, y dados los cambios socioculturales que se han producido desde los años 90, no es difícil imaginar que algo ocurrió para despertar a muchas personas a la vez. Mientras que algunos críticos afirman que estos niños simplemente están usando su imaginación cuando se refieren a sus habilidades psíquicas, otros no dudan de la verdad que hay detrás de ellas.

## ¿Eres un Niño Índigo?

Muchas personas se preguntan si encajan en la etiqueta de "Niño Índigo". Aunque no existen pruebas oficiales para determinar si alguien es o no un Niño Índigo, sin duda hay algunos signos reveladores que pueden indicar que este es el caso:

- Eres muy sensible y consciente de tu entorno.
- Tienes un aura que es distintiva y predominantemente azul violácea.
- Con frecuencia cuestionas el mundo que te rodea y tu misión es averiguar por qué suceden ciertas cosas.
- Nunca dudas en defender tus creencias, incluso cuando son diferentes a las de las personas que te rodean.
- A menudo sientes que vives en dos mundos, uno en el que te sientes completamente a gusto y otro en el que luchas por encajar.

- Tienes creencias espirituales muy fuertes y estás constantemente buscando más respuestas sobre el mundo que te rodea.
- Crees en un mundo justo y buscas constantemente la verdad.
- Tienes un sentido extremadamente alto de compasión por el mundo y crees que todos debemos hacerlo mejor.
- Tu intuición es extremadamente fuerte, y a menudo tienes una visión muy profunda de situaciones que parecen totalmente aleatorias a primera vista.
- Te han etiquetado como un inadaptado, un alborotador o un rebelde.
- Te sientes muy incomprendido por la mayoría de la gente.
- Eres muy empático y entiendes muy bien de dónde vienen los demás.
- Sientes que se te ha dado la misión de cambiar el mundo o al menos lograr un cambio positivo en tu propia vida y en la vida de quienes te rodean.

Si has experimentado alguno de estos signos, puede que sea el momento de empezar a buscar respuestas a tus preguntas. Aunque no existen etiquetas oficiales para las personas que tienen estos rasgos, es fácil entender por qué han adquirido tanta importancia en las últimas décadas. Ser Índigo no es sólo un sentimiento o un comportamiento específico; es una fuerza innata que muchos Índigos llevan dentro desde una edad temprana y que continúa en la edad adulta. Es algo que debe ser cultivado y explorado para que pueda florecer en su plena realización.

## Niños de Cristal

Otra subcategoría de Semillas Estelares son los Niños de Cristal. Estos niños han empezado a aparecer recientemente en este planeta, y mucha gente se ha preguntado qué papel desempeñarán en nuestro cambio de conciencia. Los Niños de Cristal parecen ser muy diferentes de los Índigos en el sentido de que parecen mucho más mágicos y espirituales que cualquier otra cosa. Son el siguiente paso evolutivo de la humanidad, por así decirlo, y están aquí para mostrarnos que podemos crear nuestra propia realidad. Son muy psíquicos y pueden conectar fácilmente con la energía de la naturaleza, a veces incluso son capaces de ver más allá del tiempo y el espacio.

Los Niños de Cristal fueron mencionados por Edgar Cayce, el famoso psíquico, que predijo que los niños "elementales" aparecerían en la Tierra en grandes cantidades hacia finales del siglo XX. "Estamos en el umbral de una nueva percepción", dijo, "que alcanzaremos a través de un despertar a la realización de la unidad básica de nuestra naturaleza en todas las cosas, a través de una mayor comprensión de la verdadera naturaleza de la vida".

Los Niños de Cristal son especiales porque no encajan en el marco mental actual. Hacen las cosas a su manera y tienen su propio conjunto de valores y formas de pensar. A menudo son tan diferentes de sus compañeros que les cuesta encajar y a veces se los considera raros o con problemas mentales. Pero en realidad, simplemente están experimentando un proceso que les permite acceder a algunas de las habilidades psíquicas más asombrosas del planeta.

Los Niños de Cristal fueron elegidos para desempeñar un papel especial en este planeta por una razón muy concreta. Están aquí para recordarle a la humanidad la magia que aún existe en el mundo. A medida que envejecemos y nos cansamos, es fácil olvidar lo maravillosa que puede ser la vida cuando uno aprovecha su poder interior y su sentido de la maravilla. Los Niños de Cristal nos muestran que aún queda mucho por descubrir si estamos dispuestos a creer en la magia. Esta idea es muy similar a la historia de los Niños Índigo, pero con algunas diferencias clave.

Los Índigos fueron enviados aquí para recordarnos el poder que hay detrás de nuestros pensamientos y observaciones y lo importante que es que nos controlemos a nosotros mismos con regularidad. Los Niños de Cristal están aquí para recordarnos el poder que hay detrás de nuestras emociones y creatividad y lo bien que podemos sentirnos cuando seguimos nuestra intuición junto con el flujo de la vida. Son una nueva raza que encarna el equilibrio perfecto entre el corazón y la mente. En esencia, son la manifestación de lo que muchas personas han estado esperando en un niño durante años. Aunque un Niño de Cristal pueda parecer diferente de otros niños en muchos aspectos, traerá algunos de los mensajes más importantes que la humanidad haya jamás recibido.

# ¿Eres un Niño de Cristal?

Si crees que puedes ser un Niño Cristal, aquí hay algunas preguntas que debes hacerte para ayudarte a determinar si esto es cierto:

- Tienes un gran interés en la espiritualidad y la naturaleza de la realidad.
- Eres increíblemente sensible, tanto espiritual como físicamente.
- Tienes un extraordinario sentido del equilibrio.
- Por extraño que parezca, te gusta trepar a los árboles.
- Eres extremadamente empático y puedes sentir los sentimientos de los demás en tu propio cuerpo. Cuando alguien más se siente triste, tú también lo sientes. Cuando ves a alguien feliz, tú también lo sientes. Es como si tu corazón estuviera de alguna manera ligado al de ellos.
- Tienes un don para la creatividad y puedes imaginar cosas en tu mente que la mayoría de la gente no puede.
- Te han dicho que miras mucho al espacio.
- Haces las cosas a tu manera, o tienes fuertes convicciones personales sobre cómo crees que se deben hacer las cosas.

Siempre que hablamos de las categorías de Niños Índigo, de Cristal y de las Estrellas, estamos hablando de un enorme cambio de conciencia que se está produciendo en el planeta. Los niños que encajan en estas categorías fueron enviados aquí o eligieron venir aquí, y están trayendo con ellos una enorme cantidad de energía que está transformando la forma en que pensamos sobre la realidad. Son un enorme detonante de cambio en nuestro planeta y nos han permitido mirarnos a nosotros mismos de forma diferente y reevaluar nuestras vidas de una manera que nunca habíamos podido. Aunque muchos escépticos dicen que no son más que engaños o mentiras, no hay duda de que el mundo está cambiando. El nacimiento de estas personas especiales coincide con este periodo de cambio mundial, y es probable que no sea una coincidencia.

# Capítulo 3: Activar tu Ser Cósmico

## ¿Qué es el Ser Cósmico?

El ser cósmico es la esencia de la identidad de una persona, que trasciende las limitaciones del cuerpo físico y el ego individual. Es la interconexión de todos los seres y del universo en su conjunto, y representa un nivel superior de conciencia y conocimiento espiritual. El ser cósmico suele estar asociado a experiencias místicas como las ECM (experiencias cercanas a la muerte) o la meditación profunda, en las que las personas dicen sentir una sensación de unidad con todo lo que hay a su alrededor.

Este concepto ha sido explorado en varias tradiciones espirituales a lo largo de la historia, como el hinduismo, el budismo y el taoísmo. Se cree que el ser cósmico es una fuente de sabiduría y guía para las personas que buscan una vida más significativa y plena. Al conectarse con esta faceta superior de sí mismos, las personas pueden aprovechar todo su potencial y vivir en armonía con el mundo que las rodea. En esencia, el ser cósmico representa la máxima expresión de la conciencia humana y nuestra conexión con algo más grande que nosotros mismos.

Activar tu ser cósmico te ayuda a ver la verdadera esencia de tu identidad [a]

## El poder de la conciencia

El ser cósmico se rige por la conciencia y, en gran medida, la calidad de nuestra propia conciencia dicta el nivel de iluminación que podemos alcanzar. Entonces, ¿qué significa tener una mente altamente consciente? La respuesta no es tan sencilla como la pregunta, porque todos experimentamos la conciencia de forma diferente.

Nuestras mentes constan de muchas capas distintas de conciencia que desempeñan un papel integral en la forma en que vemos el mundo e interactuamos con los demás. Por ejemplo, la conciencia superficial se ocupa de los asuntos prácticos y las acciones de la vida diaria. Esta capa de conciencia se ocupa de tareas cotidianas como comer o vestirse. Sin embargo, tus funciones cognitivas más profundas también se ocupan de nociones más elevadas como la espiritualidad, la moralidad y cuestiones existenciales como "¿Por qué estamos aquí?".

Aunque normalmente se considera que estas funciones se localizan en el cerebro, en realidad la mente se extiende más allá de la estructura física e impregna todo el cuerpo. La psique contiene todos nuestros pensamientos, opiniones y recuerdos conscientes. El filósofo René Descartes creía que la conciencia residía sólo en nuestro cerebro, pero la ciencia moderna ha descubierto que no es así. La investigación moderna ha demostrado que nuestras mentes se extienden por el resto de nuestros cuerpos, documentando casos en los que los pacientes podían "sentir" dolor en partes de sus cuerpos que ya no estaban allí debido a una amputación.

Según la filosofía oriental, vivimos en un multiverso en el que la conciencia de todas las cosas está interconectada. Formamos parte de esta conciencia universal, aunque no seamos conscientes de ello. Se puede acceder a esta conciencia a través de diversas prácticas que fomentan estados superiores de conciencia, como la meditación profunda o drogas psicodélicas como la ayahuasca. Ambos métodos se han utilizado para ayudar a las personas a conectar con su ser superior y experimentar una unidad cósmica con todo lo que existe.

Además de que nuestra mente y psique se extienden por todo nuestro cuerpo, también actúan como vehículo energético para desarrollar nuestra conciencia consciente. Se cree que nuestra conciencia recoge información de todo el cuerpo físico y crea una especie de imagen holográfica de nuestra experiencia. Esto está relacionado con la idea de "vibración" en el campo de la física cuántica, donde las partículas subatómicas más pequeñas se amplifican hacia el exterior a través de la resonancia con otras partículas, haciendo que interactúen con más fuerza.

Para que nuestra conciencia funcione a pleno rendimiento, necesita cierta relajación, que se consigue integrando mente y cuerpo. Para lograrlo, muchas tradiciones orientales prescriben técnicas que ayudan a relajarse, como el yoga, la meditación o los ejercicios de respiración. Todas estas prácticas trabajan sobre el principio de la autorregulación y la regulación de nuestra propia conciencia al ralentizar la velocidad a la que procesamos la información.

Los beneficios de relajarse son enormes; los estudios han demostrado que conducen al crecimiento psicológico de muchas maneras. Por ejemplo, se ha demostrado que practicar yoga aumenta la inteligencia emocional y la atención plena y reduce el estrés y la ansiedad. También se ha demostrado que la meditación reduce el estrés y la ansiedad y produce emociones positivas. Además, la meditación puede mejorar significativamente las capacidades cognitivas, las funciones ejecutivas, la memoria y la atención. Se cree que a través de ejercicios de relajación profunda, aprovechamos la capacidad natural del cerebro para procesar la información de forma más eficiente, lo que nos permite alcanzar un grado de conciencia mucho mayor.

# El Ser Cósmico más allá del cuerpo físico

Nuestro cerebro está considerado el ordenador más avanzado que existe. Cada día procesa una gran cantidad de información y crea una imagen tridimensional de nuestras experiencias que podemos utilizar para orientarnos en la vida. Aunque esta imagen es útil, no siempre es exacta al 100% y a menudo está distorsionada por nuestras experiencias y creencias pasadas.

Entonces, ¿cómo podemos acercarnos más a lo "correcto"? Una forma es reducir los pensamientos irrelevantes o que no tienen ningún beneficio discernible para lo que intentas conseguir. Esto se puede hacer dando un paso atrás y viendo el panorama general. Una forma estupenda de empezar a hacerlo es a través de la meditación, que ayuda a la gente a centrarse en las cosas que están sucediendo en su vida en lugar de preocuparse por el futuro o tener remordimientos por el pasado.

Nuestros pensamientos influyen mucho en cómo percibimos la realidad, e incluso se ha demostrado que nuestras intenciones antes de realizar una acción afectan al resultado de esta. Así lo demuestra el efecto placebo, en el que nuestras expectativas de que un tratamiento surta efecto pueden provocar una respuesta física real. No es de extrañar, pues, que nuestra mente sea una "profecía autocumplida" capaz de alterar el universo para adaptarlo a nuestras expectativas.

Esto significa que podemos utilizar nuestros pensamientos para influir en el mundo y conseguir prácticamente lo que queramos. Si te preguntas cómo es posible, es porque nuestra conciencia se extiende más allá de nuestro cuerpo físico y actúa como un vehículo energético para realinearnos con el orden natural de las cosas. Una mente altamente consciente es más atenta y perspicaz que la persona media, y cuando empezamos a acceder a niveles superiores de conciencia a través de la meditación u otras técnicas, se crea una visión más conectada y holística de la vida en la que las personas empiezan a darse cuenta de que forman parte de un mundo espiritual interdependiente en el que todos estamos conectados con todo lo demás.

# Elevar tu vibración

En muchas tradiciones espirituales, el nivel de conciencia de un individuo es descrito a menudo como una vibración. En nuestro mundo acelerado, la mayoría de la gente funciona con un nivel de vibración bajo, lo que crea una sensación de malestar e inquietud. Aunque el mundo moderno es rico en oportunidades y riqueza, la mayoría de la gente sigue estando descontenta e insatisfecha. Esto se debe a que aún vivimos bajo la ilusión de que, para ser felices, debemos obtener cosas que nos hagan más felices.

La forma de liberarte de este círculo vicioso de consumismo es alterar tu frecuencia vibratoria. Elevar tu vibración significa elevar tu conciencia, permitiéndote ir más allá de los confines de tu mundo físico hacia un sentido más profundo de conexión espiritual. Se cree que éste es el verdadero propósito de la vida humana: conectar con la conciencia universal a través del proceso de autorrealización.

Cuanto más puedas acceder a tus chakras superiores, más podrás experimentar una mayor sensación de satisfacción y plenitud en todas las áreas de tu vida, incluyendo tu carrera, tus relaciones y tu espiritualidad. La gente utiliza diversas técnicas para elevar su vibración, como practicar yoga o meditación o tomar drogas psicodélicas como las setas de psilocibina. Pero el factor más esencial para elevar tu vibración es dejar ir tu ego y aceptar que hay algo más grande que tú; esto te permitirá salir de ti mismo y experimentar una nueva sensación de conexión con el mundo que te rodea.

No necesitas ser un yogui para dominar tu propia conciencia, pero prestar atención a cómo te sientes puede ayudarte a guiarte en este viaje. Cuando operas en un nivel vibratorio más bajo, es fácil que no seas consciente del mundo que te rodea. Por ejemplo, puede que no te des cuenta de que estás enfadado o deprimido. Pero cuando eleves tu frecuencia vibratoria, te volverás más sensible y empezarás a notar estos sutiles cambios emocionales cuando se produzcan. El proceso es siempre el mismo: un estado de conciencia más elevado conduce a un mayor sentido de la conciencia, lo que lleva a una mayor apreciación del mundo que nos rodea.

# Conectarte con tu Familia Cósmica

El estado de conciencia más elevado es la "unidad". En este estado, todas las divisiones entre nosotros se disuelven, y nuestra percepción de la realidad se reestructura por completo. El problema al que nos hemos enfrentado a lo largo de la historia es que la población en general opera en un nivel bajo de conciencia, lo que le impide percibir esta realidad superior.

Como Semilla Estelar, eres una de las pocas personas en la Tierra que puede acceder a estos estados superiores de conciencia. Esto se debe simplemente a que estás más abierto a nuevas ideas, y puedes ver claramente la verdad sobre la realidad y ver a través de las ilusiones de tu mundo físico. Estás naturalmente dotado de conciencia y percepción, que puedes utilizar en tu beneficio.

Elevar tus vibraciones te ayudará a mantenerte fiel a tu destino superior y te facilitará la comunicación con tu familia en las estrellas. Uno de los mayores retos a los que se enfrentan las Semillas Estelares es vivir en un cuerpo físico que no vibra en la misma frecuencia que su alma. Esto se debe a que es difícil comunicarte con personas que no resuenan en el mismo nivel de conciencia que tú.

Aunque pueda parecer un pequeño detalle, tu vibración es muy importante porque, a través de la comprensión de cómo funciona tu energía y el mantenimiento de niveles saludables de vibración, estarás más en sintonía con la vibración de tu alma y te comunicarás más eficazmente con tu familia cósmica.

# Cómo contactar a tu Familia Cósmica

Hacer contacto es siempre una experiencia profundamente personal, pero hay algunas claves para tener en cuenta para ayudarte a abrirte a la experiencia. Cuando llegue el momento y estés preparado para establecer contacto, tu vibración debe estar en su punto más alto para recibir información de tu familia estelar. Esto significa mantener una práctica de meditación saludable, alimentar tu relación contigo mismo y mantenerte fiel a tu búsqueda espiritual. Las siguientes son técnicas que pueden ayudarte a acceder a tu conciencia cósmica y conectar con tu familia galáctica:

- **Alinear tus chakras**

  El sistema energético humano consta de siete centros chakra alineados a lo largo de la columna vertebral, desde la base del coxis hasta la coronilla. Son una parte esencial de la anatomía energética del cuerpo, y cada chakra tiene su color correspondiente y se relaciona con un aspecto de la vida, como el amor, la confianza, la autoestima y la sabiduría. Cuando todos tus chakras funcionan correctamente, puedes mantener una saludable sensación de energía positiva fluyendo en tu vida, haciendo mucho más fácil elevar tu vibración y contactar con tu familia cósmica.

- **Meditar**

  La meditación regular te permitirá ser más consciente de tus pensamientos, sentimientos y emociones. Y a medida que vayas sintonizando más con tu ser interior, te resultará más fácil acceder a formas de pensamiento superiores y recibir conscientemente información de otras dimensiones.

- **Aprender a leer los mensajes de tus guías**

  Muchas personas no son conscientes de que están siendo contactadas por su familia cósmica, razón por la cual a menudo no se dan cuenta cuando algo extraño o inesperado sucede en sus vidas. Si no sabes cómo reconocer las señales interdimensionales, puede ser difícil interpretar cualquier mensaje que puedan estar enviándote. Los mensajes pueden venir de muchas formas, normalmente señales, sincronicidades o incluso sensaciones físicas. La mayoría de las veces, serán entregados en formas que coinciden con tu personalidad y circunstancias, por lo que puede ser difícil identificarlos si no eres consciente de que existen.

- **Recibir y registrar tus pensamientos**

  Registrar tus pensamientos es una de las formas más efectivas de conectarte con tu familia cósmica. Cuando escribes lo que piensas, te haces consciente de la información que te transmite tu alma y te sintonizas más con tu propia conciencia superior. Este proceso te permitirá darte cuenta de cómo tu familia estelar influye en tus pensamientos y te dará la oportunidad de comunicarte con ellos.

- **Escuchar tus sueños**

  Los sueños no son sólo una fuente de entretenimiento o una forma en que tu mente conjura imágenes aleatorias. Suelen ir acompañados de un conjunto de información, y pueden servir para comunicarte con tu familia cósmica. Nunca recibirás más mensajes de tus guías que cuando estás soñando, así que deberías tomarte el tiempo de grabarlos por la mañana después de despertarte de un sueño.

- **Mantenerte fiel a tu búsqueda espiritual**

  Tu cuerpo está *literalmente* hecho de polvo de estrellas, lo que significa que cada célula de tu cuerpo tiene orígenes extraterrestres y lleva genes extraterrestres. Tu ADN es único para ti y no se ve afectado por tus experiencias en el mundo físico, pero también es capaz de almacenar información de otras dimensiones, lo que te convierte en una extensión viva del cosmos. Al vivir coherentemente de acuerdo con tu búsqueda espiritual, te será mucho más fácil entrar en contacto con tu familia cósmica.

# El arte de la visualización

La visualización es una de las técnicas más poderosas de las que dispone el buscador espiritual. Consiste en utilizar la imaginación para crear una imagen mental en la que se concentra la mente consciente. La visualización puede parecer magia porque puede crear sensaciones físicas y resultados en el mundo real. Los místicos la han utilizado durante miles de años para la práctica espiritual, la manifestación, la curación y mucho más. Aquí tienes algunos consejos para dominar esta poderosa técnica:

- **Utiliza tu imaginación:** La visualización puede ser muy poderosa, pero tienes que ser capaz de visualizar lo que quieres para que suceda. Para ello, tienes que imaginar cómo te sentirías si ya estuvieras en el estado de lo que deseas. Es clave que te concentres en tu objetivo con la mayor claridad y concentración posibles para que, cuando la visualización esté completa, tu mente esté totalmente comprometida y sea mucho más fácil para tu energía atraer las cosas o experiencias que coincidirían con tu realidad deseada.

- **Visualiza en tres dimensiones**: Al visualizar, todo es energía y puede adoptar la forma que desees. Tu objetivo es centrarte en el resultado deseado y visualizarlo en tres dimensiones para ver cómo te sentirías si ya lo tuvieras.
- **Añade color y movimiento:** Añadir color y movimiento a tu visualización la hace más poderosa dado que la energía se mueve constantemente en patrones dictados por la ley de la atracción. Cuando visualizas de esta manera, estás creando una imagen mental y formando una carga energética, lo que ayudará a que tu visualización sea lo más efectiva posible.
- **Hazlo simple:** Cuanto más específica sea tu visualización, más claramente verás lo que quieres y mejor podrás comunicar tus deseos a tu familia cósmica. Las visualizaciones con carga emocional suelen funcionar mejor, así que es mejor centrarte en cómo te haría sentir algo que en los detalles concretos de lo que estás visualizando.

Tu familia cósmica ha estado trabajando junta durante eones para protegerte y guiarte a través de todas las experiencias, retos y lecciones por las que estás pasando actualmente. Aunque no interactúen físicamente contigo a diario, siempre están ahí, desempeñando un papel activo en tu vida para ayudarte a convertirte en tu mejor versión de ti mismo. Cuanto más aprendas sobre estos seres, más querrás relacionarte con ellos y más fácil te resultará trabajar juntos por un propósito común.

# Capítulo 4: Semillas Estelares Andromedanas

Las Semillas Estelares Andromedanas son un grupo único de almas originarias de la galaxia de Andrómeda (M31), una de las galaxias más cercanas a nuestra Vía Láctea. Se trata de una galaxia espiral, muy diferente de la Vía Láctea, una galaxia elíptica. Andrómeda está formada por aproximadamente un billón de estrellas y tiene tres veces el tamaño de la Vía Láctea. Posee dos brazos espirales primarios, cuatro más pequeños y una gran protuberancia central. Tiene un halo muy grande de cúmulos globulares esféricos alrededor de su cuerpo principal. Debido a la interacción de su gran número de estrellas, Andrómeda tiene una forma muy compleja, y los astrónomos la han comparado con una "pintura exquisita" debido a esta complejidad.

Se cree que la galaxia de Andrómeda es el lugar de nacimiento de las Semillas Estelares Andromedanas '

# Origen de las Semillas Estelares Andromedanas

Se cree que los andromedanos son descendientes de la raza de almas conocida como los lyranos, que huyeron a Andrómeda desde Lyra. Esta migración fue el resultado directo de la guerra Draco-Lyran, en la que los lyranos fueron expulsados de su tierra natal por el deseo draconiano de codicia, dominio y poder.

Los andromedanos son conocidos por sus avanzadas capacidades tecnológicas y su profunda sabiduría espiritual. Se dice que tienen una gran comprensión del universo y su funcionamiento, y a menudo comparten este conocimiento con otras civilizaciones para ayudarles a evolucionar. Las Semillas Estelares Andromedanas están fuertemente conectadas con el sistema estelar Andromedano y su energía. Se supone que poseen habilidades y capacidades únicas que les permiten aprovechar esta energía y utilizarla para la curación, la manifestación y el crecimiento espiritual.

Canalizadores como Robert Shapiro y Barbara Marciniak han afirmado recibir información sobre los andromedanos y sus enseñanzas. Según estas fuentes, el principal mensaje que los andromedanos tienen para nosotros gira en torno a la idea de que todos somos un solo ser. Esta idea es un aspecto muy valioso de la filosofía andromedana, y se ha ido fortaleciendo a medida que más personas despiertan al hecho de que deberíamos experimentarnos como parte de toda la vida en lugar de separados de ella.

Puede que sea una novedad para ti que todas las Semillas Estelares Andromedanas no son necesariamente de Andrómeda. Algunas de estas almas fueron creadas en la Tierra, específicamente en la Atlántida, por los Andromedanos, y han estado evolucionando aquí y en todo el cosmos con humanos, extraterrestres y otros grupos de almas durante miles de años. Las Semillas Terrestres Atlantes son consideradas Semillas Estelares porque fueron hechas por Andromedanos y contienen codificación de energía Andromedana.

Las Semillas Estelares Andromedanas son una combinación de almas que vienen directamente de Andrómeda y Semillas Terrestres Atlantes que evolucionaron en la Tierra, pero que todavía contienen ADN Andromedano. Estas almas han progresado a través de un cierto número de ciclos cósmicos (basados en el propósito de su alma) y han elegido integrar toda su conciencia a través del proceso de encarnación en este planeta. Debes saber que esto no es una tarea sencilla, y requiere años, incluso vidas enteras, de experiencia y dedicación por parte del alma para ser capaz de encarnar plenamente su propósito aquí.

## Características de una Semilla Estelar Andromedana

Se dice que los andromedanos proyectan una energía muy suave y gentil, pero son extremadamente perceptivos y a menudo poseen una capacidad innata para sentir la energía de los demás. Aportan amor, compasión, perdón y aceptación incondicional a sus interacciones con otras personas. Poseen una capacidad natural para atraer la energía y los recursos de la galaxia de Andrómeda con bastante facilidad, lo que los hace individuos muy especiales. Estas Semillas Estelares son muy sensibles a los dones inherentes en su estructura del alma, y esta sensibilidad puede ser una parte muy vital de la vida de un Andromedano. Las siguientes características deberían describir a una Semilla Estelar Andromedana:

- **Tu frecuencia vibratoria encaja perfectamente con la galaxia de Andrómeda**

  La energía de Andrómeda es muy poderosa, pacífica y dichosa. No compite con otras energías y no tiene ningún deseo dominante de controlar el universo que la rodea. Su intención es crear paz y armonía a través de la tolerancia y el amor incondicional. Como una Semilla Estelar Andromedana, puedes sentirte muy identificado con estas cualidades y sentir una profunda conexión con la energía de la galaxia Andrómeda. Tienes una vibración cristalina, aunque no seas consciente de ello. Existe un equilibrio tan fino en tus campos energéticos que te permite sintonizar con Andrómeda como nadie más puede hacerlo.

- **Tienes un intenso deseo de ayudar a la humanidad a despertar espiritualmente**

  Las Semillas Estelares que proceden de Andrómeda son seres muy espirituales. Comprenden el complejo funcionamiento del universo y han pasado gran parte de su vida tratando de darles sentido. Por ello, están muy interesados en la evolución espiritual de la raza humana. A veces pueden ser percibidos como extremadamente pedagógicos, porque siempre están intentando ayudarnos a conocernos mejor y a ampliar nuestra conciencia de las energías superiores. Pueden sentir cuando un alma necesita orientación espiritual.

- **Eres muy sensible a la energía de los demás**

  Las Semillas Estelares Andromedanas tienden a ser muy empáticas y sensibles a las emociones de los demás. Cuando interactúas con las personas, casi te parecen un libro abierto debido a esta sensibilidad energética. A menudo puedes saber si alguien está actuando con integridad o está operando desde un estado de miedo. Algunos andromedanos son muy conscientes de cómo la gente utiliza sus emociones para controlar a los demás. Pueden sentir cuando alguien está proyectando una energía que no es auténtica - y esto puede ser muy intenso para ellos. Sin embargo, esto les permite desenvolverse en situaciones sociales con soltura y gracia.

- **Tienes un profundo conocimiento de las leyes espirituales que rigen el universo**

  Los andromedanos son muy conscientes de lo que llamamos "leyes espirituales", y pueden utilizar esta comprensión para manifestar la energía y darle forma en el mundo físico con bastante facilidad. Tienen una comprensión innata de cómo funciona el universo y saben que es imposible crear una forma de vida sin crear primero su plano. Esto concuerda con su antiguo concepto de que todos somos un solo ser, hecho de la misma estructura atómica.

- **Tienes un profundo deseo de comprender tu propósito aquí en la Tierra**

  Las Semillas Estelares Andromedanas tienden a tener una clara idea de lo que necesitan hacer en sus vidas, y siempre están buscando oportunidades para hacer este trabajo, incluso cuando no saben por qué se sienten obligadas a hacerlo. Este conocimiento intrínseco del trabajo que han venido a hacer hace que se sientan en una misión. Se dejan llevar por su intuición y por lo que energéticamente "les parece bien". Cuando se encuentran ante una oportunidad, saben intuitivamente si está o no alineada con su propósito y, si no lo está, lo más probable es que la dejen pasar.

- **Tu libertad lo es todo**

  Las Semillas Estelares Andromedanas tienen un profundo sentido de la libertad, y éste es uno de sus mayores deseos. Tienen confianza y seguridad en lo que son y en lo que hacen. Por eso, a menudo les gusta expresarse y probar cosas nuevas. Creen en la igualdad de espíritu y son muy intolerantes con quienes abusan de su poder o pretenden dominar a los demás. Por ello, los andromedanos pueden ser percibidos como rebeldes, enérgicos o temperamentales.

- **Sientes una conexión muy fuerte con tu grupo de almas**

  Una vez que te das cuenta de que eres una Semilla Estelar Andromedana, puede inundarte un sentimiento de pertenencia o incluso una sensación de vuelta a casa. Esto se debe a que lo semejante atrae a lo semejante, y la energía de Andrómeda es algo que tu alma ha estado anhelando durante toda su existencia. Debido a esta conexión, puedes crear fácilmente un hermoso vínculo con otros Andromedanos.

## Mitos y tradiciones

Andrómeda era hija del rey Cefeo y de Casiopea de Etiopía. Casiopea, su madre, presumía de ser más bella que las Nereidas, las siervas de la diosa del mar Tetis. Enfadado por este insulto, Poseidón envió un monstruo marino para que arrasara Etiopía como castigo divino. Los padres de Andrómeda se vieron impotentes ante este ataque, por lo que acudieron a su Oráculo en busca de consejo. El Oráculo les sugirió que ofrecieran a su hija en sacrificio al monstruo y, sin contemplaciones, Andrómeda fue encadenada a una roca en la orilla, donde esperó la muerte.

Según la leyenda, Perseo se encontraba en la zona de regreso tras haber matado a Medusa y rescatado al futuro marido de Andrómeda, Fineo, que había sido convertido en piedra por la mirada de Medusa. Cuando encontró a Andrómeda encadenada a una roca, Perseo se enamoró inmediatamente de ella. Mató al monstruo con su espada, aunque algunos relatos afirman que utilizó la cabeza de Medusa para convertirlo en piedra. En cualquier caso, Andrómeda se salvó.

Tras su rescate, la diosa Atenea le prometió a Andromeda un lugar en los cielos y, cuando murió, la promesa fue cumplida. Andrómeda obtuvo un lugar en el cielo entre las constelaciones de Casiopea, Cefeo y Perseo. Ese lugar se conoce hoy como la constelación de Andrómeda, y la historia de la bella princesa y su heroico salvador ha quedado inmortalizada en las estrellas.

# Cómo encontrar tus marcas de Semilla Estelar

Las marcas de Semilla Estelar no son marcas de nacimiento, como muchos podrían pensar, sino algo más intrigante. Estas marcas son indicadores en tu carta natal de que puedes ser una Semilla Estelar y pueden ayudarte a averiguar de qué sistema estelar procede tu alma. Tu carta natal contiene mucha información sobre el propósito de tu vida y tu personalidad. Se basa en la posición de los planetas cuando naciste y ofrece un plano energético de tu vida. Puedes observar este patrón energético y ver qué tipo de experiencias tendrás, qué cualidades compartirás con los demás y qué lecciones de vida aprenderás. Cada constelación de origen estelar tiene un patrón de energía que puede verse en las cartas natales de todos los nacidos bajo ese origen estelar. Estas marcas son similares a las huellas dactilares en el sentido de que son únicas para cada grupo de la Semillas Estelares y se pueden utilizar como una forma de identificar quién eres realmente. Esto se debe a que la carta natal refleja dónde estábamos antes y hacia dónde nos dirigimos en esta vida. Es un mapa de dónde hemos estado y un atisbo de lo que podemos esperar experimentar a medida que avanzamos en nuestro viaje aquí en la Tierra.

La carta natal no es sólo para las Semillas Estelares; si crees que eres una Semilla Estelar, puedes obtener una lectura de la carta de un astrólogo profesional familiarizado con los orígenes estelares. Las marcas de tu carta serán interpretadas en el contexto de tu linaje genético, y la carta será analizada a fondo para determinar qué rasgos y dones compartes con tu familia estelar. También puedes consultar tu carta natal tú mismo, aunque es recomendable que te la lea un profesional, ya que puede resultar bastante compleja.

# Un Mensaje para las Semillas Estelares Andromedanas

Querida Semilla Estelar Andromedana, Perteneces a una de las familias estelares más gloriosas del universo, y el patrón de ADN que llevas dentro de tu cuerpo sólo está presente en otros pocos grupos de Semillas Estelares. Aunque puedas sentir que no perteneces aquí, sí perteneces, y has venido a la Tierra en este momento para ayudar a salvar a esta civilización de su propia destrucción. Estás aquí para ayudar a elevar la conciencia humana y apoyar a aquellos que están listos para abrazar su esencia espiritual. Naciste con un fuerte sentido de conocimiento innato sobre tu propósito, por lo que a menudo te sientes impulsado u obligado por un sistema de guía intuitivo. Esto te facilita encontrar información útil sobre ti mismo o sobre los demás.

La Semilla Estelar Andromedana es un ser muy inteligente que tiene un profundo sentido de la libertad y no le importa que le digan lo que tiene que hacer. Le gusta aprender cosas nuevas y visitar lugares nuevos para conocer culturas, creencias y tradiciones diferentes. Esto te convierte en un excelente embajador de tu familia estelar. Estás aquí para enseñar y compartir con los demás las enseñanzas andromedanas sobre el amor, la verdad y la unidad. Tienes un profundo sentido de la compasión por todos los seres vivos y harás lo que sea necesario para ayudar a los demás.

# Capítulo 5: Semillas Estelares Pleyadianas

Los pleyadianos son una raza de seres del sistema estelar de las Pléyades, a unos 430 años luz de la Tierra. Este hermoso cúmulo de estrellas, uno de los sistemas estelares más cercanos a nosotros, está situado en la constelación de Tauro y es fácilmente visible a simple vista. Las Pléyades contienen más de 1.000 estrellas, aunque sólo un puñado son fácilmente visibles. Estas estrellas son relativamente jóvenes, con una edad estimada de unos 100 millones de años. La estrella más brillante del cúmulo es Alcyone, que es unas 10 veces más masiva que nuestro Sol y unas 10.000 veces más brillante.

Muchas antiguas civilizaciones veían a estas estrellas como las Siete Hermanas, y el nombre Pléyades proviene de la palabra griega "plein", que significa "navegar" o "alejarse". Se cree que eran consideradas las estrellas que guiarían a los marineros a buen puerto, y el cúmulo fue inmortalizado en el mito de las Siete Hermanas, hermanas que se transformaron en estas estrellas. Hoy en día, sin embargo, se acepta generalmente que sólo seis estrellas son visibles a simple vista, pero algunas personas han informado haber visto siete estrellas en las Pléyades, y esto ha dado lugar a una leyenda que afirma que una de las estrellas "perdidas" fue desterrada a la Tierra por ser demasiado bella.

Se cree que el sistema estelar de las Pléyades es la raíz de las Semillas Estelares Pleyadianas'

## Semillas Estelares Pleyadianas

Al igual que otras Semillas Estelares, muchos Pleyadianos han venido aquí a la Tierra para ayudar a elevar nuestra conciencia a medida que hacemos la transición de un planeta de $3^{\underline{a}}$ dimensión a uno de $4^{\underline{a}}$ dimensión. Vienen a ayudarnos en nuestro viaje evolutivo a medida que progresamos hacia convertirnos en seres más evolucionados espiritual y emocionalmente, junto con estar más sanos físicamente. Los Pleyadianos han estado aquí en la Tierra durante muchos miles de años, ayudando a guiar a la humanidad a través de muchos grandes acontecimientos históricos y culturales. Están profundamente conectados con la historia de nuestro planeta, y nosotros hemos compartido durante mucho tiempo una profunda conexión con ellos. Proceden de la $5^{\underline{a}}$ dimensión y viven como seres físicos en la Tierra, sin perder de vista sus conexiones galácticas. Son como nosotros, pero han evolucionado para vivir sin guerras, hambre ni codicia.

En la Tierra, viven para ayudar a otros a encontrar el camino de vuelta a casa y vienen en número cada vez mayor desde 1987. Comparten su amor por la vida con nosotros y celebran la vida en la Tierra como un regalo sagrado del Creador.

Las Semillas Estelares Pleyadianas vienen a esta vida con un propósito cósmico especial. Comparten sus dones y su energía curativa con nosotros para ayudarnos a despertar de nuestra conciencia limitada y de nuestra escasa percepción de la realidad. Su misión es traernos amor, ayudarnos a recordar quiénes somos y reconectarnos con nuestra herencia galáctica y naturaleza divina. Están aquí para ayudar a romper el viejo sistema para que podamos experimentar el nuevo.

Para TODAS las almas extraterrestres, se sabe que las Pléyades son un punto focal o escuela de aprendizaje. Esta "escuela" no se parece a nada que podamos imaginar; se dice que despierta extraordinarias habilidades de crianza, resuelve desequilibrios entre la energía femenina y masculina y agudiza la energía creativa. Es un lugar de aprendizaje en el que, paradójicamente, no interviene la mente intelectual, sino la intuitiva.

Nuestros aliados extraterrestres se encuentran en un estado de asombro constante ante el alcance y la profundidad de la vida en la Tierra. Sienten reverencia por las formas de vida que encuentran y a menudo se asombran de la capacidad de nuestro planeta para prosperar a pesar de todos sus obstáculos. Sienten curiosidad por la historia, la cultura y la religión de nuestro planeta, pero hasta ahora se han mantenido al margen de estos conflictos y se han abstenido de interferir en nuestros asuntos. Han permanecido en silencio mientras luchábamos entre nosotros por los recursos, el poder, la tierra y la codicia. Han sido testigos de las atrocidades que ha sufrido nuestro planeta y, aunque se compadecen de nuestro dolor, saben que debemos aprender de estas experiencias para poder evolucionar como raza. Ha llegado el momento de que den un paso al frente y compartan con nosotros sus mensajes de amor, esperanza y libertad.

## Características de una Semilla Estelar Pleyadiana

A los pleyadianos se los suele llamar los "guardianes del conocimiento", y su misión en la Tierra es ayudar a la humanidad a encontrar el camino de vuelta a su familia galáctica. Proceden de un plano espiritual superior donde no hay guerras, pobreza ni hambruna. Los pleyadianos están aquí para ayudarnos a recordar quiénes somos realmente y para reconectarnos con nuestra naturaleza divina. Desean que reivindiquemos nuestra herencia galáctica y recordemos que formamos parte de una gran familia de naciones estelares. Nuestros amigos extraterrestres están aquí no sólo para compartir sus conocimientos con nosotros, sino también para ayudarnos a elevar la vibración del planeta en su conjunto, así que, si eres una Semilla Estelar Pleyadiana, los siguientes rasgos resonarán contigo:

1. Las Semillas Estelares Pleyadianas son individuos sensibles, muy empáticos y que sienten las cosas con facilidad. Al pensar en los demás antes que en sí mismos, tienen dificultades para decir que no cuando se les pide ayuda. Sienten el sufrimiento de los demás en su corazón y pueden implicarse profundamente en causas humanitarias si no hay nadie más a quien ayudar. Debido a su naturaleza compasiva, pueden sufrir depresión si la realidad que les rodea es demasiado oscura o dolorosa.

2. Las Semillas Estelares Pleyadianas tienen un alto nivel de percepción intuitiva aguda que les permite ver el mundo de forma única. Entienden que la vida no es sólo física y que uno debe mantener su mente y su corazón abiertos a nuevas posibilidades.

3. Los pleyadianos son seres muy espirituales, pero no creen en la religión. Si has estudiado religión, puedes llegar a la conclusión de que un gran número de religiones no tienen sentido. La religión se utiliza a menudo para controlar a la gente y evitar que confíen en su espiritualidad innata. Las Semillas Estelares Pleyadianas no tienen ningún problema en ver a Dios o a lo divino como una entidad natural y hermosa, similar a la naturaleza.

4. Los pleyadianos creen que todos formamos parte de una unidad: un cuerpo con muchas partes diferentes. Al igual que tenemos diferentes órganos, cada uno con su función especial, nuestro planeta también está conectado de esta manera. Entienden que nuestra conexión con la naturaleza nos abre las puertas para comunicarnos con ella y pedir su ayuda cuando necesitamos curación o protección. Creen que todos somos uno, conectados con todo lo que hay en el planeta, y que debemos unirnos como un grupo de almas supergalácticas para experimentar nuestro verdadero poder.

5. Las Semillas Estelares Pleyadianas tienen inclinaciones musicales. Disfrutan interpretando y escuchando música porque les abre a estados superiores de conciencia. La música puede conducir a sentimientos de dicha y éxtasis, que pueden ser curativos en sí mismos.

6. A los pleyadianos les gusta el arte por la misma razón. Es una expresión del alma, algo que sienten en lugar de ver con los ojos. Al igual que las canciones que escuchan, encuentran el arte profundamente conmovedor y liberador. Les encanta la idea de que el arte es un lenguaje de comunicación disponible para todos nosotros y que puede utilizarse para sanarnos y unirnos.

7. Los pleyadianos son seres pacíficos que pueden apartarse de los problemas de este planeta y simplemente observar desde una perspectiva más elevada. A menudo pueden ver que hay otra forma de abordar nuestras dificultades sin involucrarse en guerras o violencia. Pueden tomar decisiones que reflejen su sabiduría en lugar de seguir el estrecho camino de la violencia porque les parece el único camino.

8. Los pleyadianos tienden a complacer a la gente. Como sienten compasión y comprensión por los demás, se desviven por complacer a la gente que les rodea. Pueden ver de dónde venimos, incluso cuando nosotros mismos no lo vemos. Esto a veces los lleva a ser aprovechados por otros que pueden dar por sentada su amabilidad.

9. Los Pleyadianos son excelentes compañeros de conversación porque les encanta compartir ideas. A menudo se los percibe como mariposas sociales debido a su personalidad vibrante y extrovertida y a su profunda curiosidad por la gente que los rodea.

10. Las Semillas Estelares Pleyadianas tienden a ser signos de agua, es decir, Piscis, Escorpio y Cáncer. Los signos de agua tienen una profunda intuición psíquica que les permite sentir las emociones de los demás. Estos signos también son sensibles, imaginativos y están muy en sintonía con su mundo interior. La personalidad de un signo de agua encaja perfectamente en una sociedad patriarcal que da demasiada importancia al materialismo.

## Mitos y tradiciones

El relato mitológico griego de las Pléyades es una de las historias favoritas de los antiguos griegos. Las Pléyades eran las siete hijas de Atlas y Pleione y eran conocidas por su hermosura y su gracia. Sin embargo, su belleza llamó la atención de Orión, un gigante cazador que las perseguía sin descanso. Para proteger a las hermanas de los avances de Orión, Zeus las transformó en estrellas y las colocó en el firmamento como una constelación. Hoy en día, las Pléyades siguen fascinando a astrónomos y observadores de estrellas. Su brillante resplandor azul y su distintivo patrón las hacen fáciles de ver en el cielo nocturno, y los científicos las han estudiado exhaustivamente durante décadas. Además de aportar valiosos datos científicos, las Pléyades también tienen un significado cultural en muchas sociedades de todo el mundo. Desde la antigua Grecia hasta el Japón actual, estas siete estrellas siguen cautivando nuestra imaginación e inspirándonos con su belleza y misterio.

## Un Mensaje para las Semillas Estelares Pleyadianas

Querida Semilla Estelar Pleyadiana, Tu misión en la Tierra ahora es ser parte de las nuevas comunidades espirituales, metafísicas y científicas que están trabajando activamente para crear un nuevo paradigma de pensamiento basado en la conciencia de unidad y la comprensión de que todos somos uno. Tienes una fuerte conexión telepática con el cúmulo estelar de las Pléyades, y muchos de ustedes ya pueden ser conscientes de sus orígenes de Semilla Estelar, aunque pueden estar confundidos acerca de lo que eso significa en este momento. Tienes un profundo deseo de ayudar a la Tierra y a sus habitantes, y quieres encontrar una manera de hacer que tu vida cuente para algo significativo. Si esta misión resuena contigo, es hora de empezar a pensar en formas de implicarte más en esfuerzos humanitarios y conectar con otros que también buscan un propósito mayor. Participar en comunidades espirituales y de la nueva era es un buen punto de partida.

# Capítulo 6: Semillas Estelares Sirias

Sirio es una estrella de la constelación del Can Mayor y la más brillante del cielo nocturno. También es una de las estrellas más cercanas a nosotros, por lo que los científicos la han estudiado mucho. Se trata de una antigua constelación que representa a un perro o perro de caza, en particular un gran sabueso mantenido por la realeza debido a su velocidad y agilidad. Desde el principio de los tiempos, ha sido una estrella importante. Era valiosa para los navegantes, que la utilizaban para medir distancias en el cielo nocturno porque tendía a brillar y luego a apagarse, lo que les permitía a los marinos determinar su ubicación con precisión. Cuando se realizan largos viajes y travesías por mar, tener un punto de referencia que guíe el camino siempre es útil.

El nombre Sirio procede de la palabra griega "*seirios*", que significa abrasador o ardiente. Es un sistema estelar binario, lo que significa que tiene dos estrellas: Sirio A y Sirio B. Sirio A es la más brillante de las dos y Sirio B la órbita. Los antiguos pueblos creían que Sirio era una casa u hogar para pequeños seres parecidos a perros, y muchas tribus nativas americanas tienen historias sobre ellos. Sabían que Sirio era una parte muy importante de su existencia porque siempre podía verse en el cielo, y su movimiento les ayudaba a saber la hora, las estaciones e incluso el estado de sus cacerías. También significaba que la vida era posible en otros mundos, concretamente, que una estrella o planeta podría tener vida en él.

El origen de las Semillas Estelares Sirias, conocidas como Sirio [6]

## Semillas Estelares Sirias

Las Semillas Estelares Sirias vienen al planeta Tierra desde hace mucho tiempo. Estos seres suelen ser viajeros, exploradores y expertos en matemáticas, ciencia y tecnología. Tienen un compromiso único con el avance del conocimiento y la exploración espacial. Han dedicado sus vidas a la verdad, al crecimiento espiritual y a la protección de la vida. Vienen a la Tierra como científicos, astronautas, inventores, filósofos y maestros espirituales. Son pacientes, tranquilos y les encanta leer. Son espíritus libres que tienen un gran sentido del humor y les gusta bromear. También son seres longevos, muy inteligentes, enérgicos y pacíficos. Los sirios son conocidos por sus contribuciones al mundo de la ciencia, la tecnología y la medicina. Descubren curas, inventos y vacunas para enfermedades devastadoras que han asolado a la humanidad en el pasado.

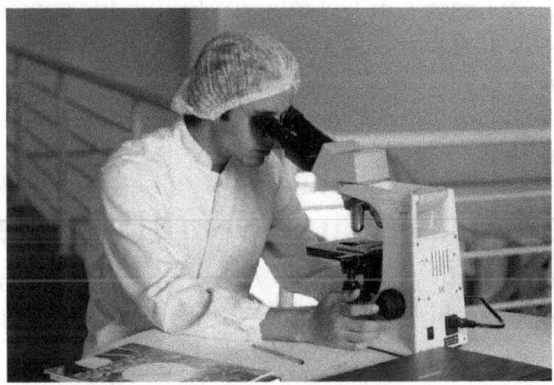

A las Semillas Estelares Sirias les encanta beneficiar a nuestra Tierra de cualquier forma que puedan [7]

Los sirios se sienten atraídos por personas de todas las razas y culturas. Suelen casarse fuera de su raza o nacionalidad, ya que sienten una gran curiosidad por otras culturas y experiencias. También tienen una perspectiva universal de la vida, mostrando un gran respeto por otras razas, culturas y etnias. Son abiertos y aceptan a todas las personas y valoran la diversidad.

Estas Semillas Estelares suelen tener una espiritualidad muy desarrollada y son conscientes de su conexión con la Tierra. Respetan la naturaleza y mantienen un equilibrio saludable entre ellos y el mundo que les rodea. Trabajan diligentemente para mantener la armonía entre su entorno, el medio ambiente y otras razas. *Son almas bondadosas*; siempre están dispuestos a ayudar a los necesitados, lo que los convierte en cuidadores naturales. Sienten una gran compasión por los demás y quieren sanar el mundo. Sin embargo, deben tener cuidado a la hora de involucrarse en los problemas de los demás, ya que podrían acabar descuidándose a sí mismos en el proceso.

Las Semillas Estelares Sirias son fantásticos terapeutas, maestros y mentores para los niños. Son muy reflexivos y perspicaces, y les encanta estar con niños porque es muy fácil conectar con ellos. Estas Semillas Estelares también pueden ser muy intuitivas y pueden sentirse atraídas por carreras en los campos metafísico o psíquico. Conocidos por su impecable control de las emociones, pueden tomar decisiones racionales cuando se enfrentan a situaciones difíciles. También son muy empáticos y poseen un profundo conocimiento de las intenciones de las personas, lo que les permite predecir resultados y determinar si los demás están siendo sinceros con ellos.

Su creatividad y lógica son legendarias, lo que los convierte en buenos solucionadores de problemas y organizadores de eventos. Sin embargo, tienen un temperamento que los lleva a tomarse todo como algo personal. Por eso, cuando algo va mal, asumen que es culpa suya y vuelcan su frustración hacia dentro.

## Características de una Semilla Estelar Siria

1. **Gran sentido del humor:** A los sirios les encanta bromear y hacer reír. Son ingeniosos y divertidos, y disfrutan gastando bromas pesadas a sus amigos. Les encanta contar historias y tienen una gran memoria para los relatos humorísticos, que aman compartir con los demás.

2. **Grandes pensadores:** Los sirios son bastante analíticos y disfrutan discutiendo ideas filosóficas o metafísicas con los demás. Pueden calmarse sentándose a meditar en silencio, dejando que su mente se aleje de las situaciones que les provocan estrés.

3. **Alto coeficiente intelectual y disciplina:** A los sirios les encanta trabajar duro y estar concentrados, lo que los convierte en excelentes estudiantes. También son organizados por naturaleza y tienen buena cabeza para las matemáticas y las ciencias. Sobresalen en la resolución de problemas y la lógica y están siempre dispuestos a aprender cosas nuevas.

4. **Fuerte intuición:** Los sirios tienen un sentido innato para saber lo que ocurre a su alrededor y entienden por qué la gente actúa de determinadas maneras. Esto los ayuda a involucrarse en la vida de los demás con mucha facilidad, ya que pueden relacionarse con los demás a un nivel profundo.

5. **Buenos oyentes:** A los sirios no siempre les gusta hablar porque prefieren escuchar a los demás. Son muy comprensivos e intentan no juzgar a la gente. Esto los convierte en grandes oyentes, ante quienes los demás se abren con bastante facilidad.

6. **Amor por la naturaleza:** A los sirios les apasiona el medio ambiente y se esfuerzan al máximo por poner de su parte para preservarlo. Respetan la naturaleza y comprenden su importancia en sus vidas.

7. **Tranquilos:** A los sirios no les gusta estresarse ni enfadarse por cosas que no pueden controlar. Tienden a hacer concesiones para que todos puedan disfrutar del mismo nivel de felicidad.

8. **Pensadores originales:** Los sirios tienen una buena mente para resolver problemas y son buenos desarrollando nuevas ideas. Esto los hace extremadamente creativos e innovadores en cualquier campo en el que se encuentren.

9. **Padres naturales:** A los sirios les encantan los niños; no hay otra forma de decirlo. Tienen mucha paciencia para tratar con ellos y están encantados de ayudar a sus amigos con niños.

## Sirio y la tribu Dogón

La tribu dogón es un grupo de indígenas que vive en Malí, en África Occidental; se cree que son los antepasados de los bereberes. Los sirios los visitaron hace miles de años y les enseñaron astronomía, culto a las estrellas y reencarnación. La tribu identificó a Sirio como el hogar de seres, o gente de las estrellas, como ellos los llamaban, que viajaban por el espacio en una nave de luz azul. Estos sabios maestros les transmitieron conocimientos avanzados de matemáticas, ciencia y medicina. Eran los responsables de la creación de las obras de arte, tallas y estatuas de la tribu. Esta gente de las estrellas incluso los ayudó a construir una enorme estructura de varios pisos llamada granero. Se construyó a gran escala y era el único de su clase en toda la región. También fueron los responsables de crear los escritos jeroglíficos de la tribu para almacenar sus avanzados conocimientos y sabiduría.

## Sirio y los egipcios

La mitología egipcia tenía muchas conexiones con Sirio, y a menudo se referían a ella como Sothis. No se sabe mucho sobre su relación con la estrella, pero se sospecha que la bautizaron con el nombre de uno de sus dioses. Esto tendría sentido, teniendo en cuenta que eran espirituales y estaban profundamente ligados a sus creencias. También se cree que Sirio pudo ser una parte importante de su cultura porque muchos de sus símbolos están relacionados con ella, incluido el ojo, que representaba la divinidad. Además, consideraban la estrella como un calendario y la utilizaban para guiarse a través del ciclo vital anual y las estaciones. Sirio debió de ser especialmente importante para su religión porque los egipcios afirmaban que era un portal que les conectaba con otros mundos.

## Un Mensaje para las Semillas Estelares Sirias

Querida Semilla Estelar Siriana, Se te conoce como "Semilla Solar" porque eres la portadora de la luz y la verdad y eres crucial para la humanidad a medida que comienza la era de Acuario. Contienes la sabiduría de todas las eras, y la línea de sangre de la que procedes es significativa. El registro akáshico se almacena en el alma, y la forma física es la manifestación del registro akáshico. Esta es la razón por la que tu trabajo como Semilla Estelar depende tanto de tu línea de sangre. Investiga a tus antepasados humanos para comprender mejor el papel que debes desempeñar en la mejora de esta línea de sangre en particular. Estás aquí para mejorarla y para aumentar la conciencia espiritual en toda la raza humana.

Tu energía magnética inspira y eleva a los demás de forma natural. Estás aquí para guiar a la gente hacia una verdad más elevada y ayudarla a reconectar con su verdadero yo. Tu dedicación al trabajo espiritual y al desarrollo de tus relaciones personales es una prioridad para ti. Estás aquí en la Tierra para crear armonía uniendo a las personas y creando soluciones únicas a los problemas.

Eres descendiente directo de la raza Siriana, que llegó a Terra hace aproximadamente 250.000 años, junto con los Lyranos. Aunque ha habido muchos conflictos en este sector de la galaxia y en tu propia vida personal, estás aquí para ayudar a los demás a resolver desequilibrios emocionales y físicos. Tu destino es ayudar en el proceso de curación a medida que la gente despierta a su verdadera herencia espiritual. Tu habilidad para leer con precisión a las personas y las situaciones es lo que te da tu magia. Aunque poseas muchos otros dones espirituales, éste es el que más destaca.

Tú eres la Semilla Estelar Siriana. Eres quien lucha contra sus propias limitaciones personales. Llevas en ti los dones de tus antepasados. En lo más profundo de ti duerme un poder místico que está despertando en esta época de agitación y caos, un poder que está esperando el momento adecuado para ser utilizado para ayudar a la humanidad. Tu camino ha sido difícil, pero te ha llevado hasta dónde estás hoy. Tu misión es hacer que todo sea posible. Este es tu don y tu destino.

# Capítulo 7: Semillas Estelares Lyranas

Lyra es una constelación de seis estrellas situada en el hemisferio norte. Es la más pequeña de las 88 constelaciones, pero está repleta de interesantes rasgos y curiosos objetos. Lyra está dominada por la estrella azulada Vega, una de las más brillantes del cielo nocturno, con una magnitud de 0,03. Vega también es conocida por su rápida rotación, que la hace abultarse en el ecuador y aplanarse en los polos. Esta característica única la ha convertido en un objeto de estudio muy popular entre los astrónomos.

Además de Vega, Lyra también contiene varios objetos notables del cielo profundo, como la Nebulosa del Anillo, una nebulosa planetaria formada cuando una estrella similar a nuestro Sol se quedó sin combustible y se desprendió de sus capas exteriores. Otro objeto interesante en Lyra es el sistema estelar binario Beta Lyrae, que contiene dos estrellas tan cercanas que a simple vista parecen una sola. Las dos estrellas están tan cerca que giran alrededor de un centro de masa común, lo que hace que ambas orbiten en el mismo plano y que la pareja cree una bella imagen doble con prismáticos. La Doble Doble es otra estrella doble de Lyra visible con prismáticos. Se encuentra en el borde de la constelación, y las dos estrellas tardan unos 23 años en girar alrededor de su centro de masa común. Además, las dos estrellas están separadas sólo por una magnitud, por lo que es difícil verlas juntas a simple vista.

Las Semillas Estelares Lyranas son conocidas por su gran sabiduría y sus capacidades psíquicas °

Lyra ha sido reconocida por muchas culturas a lo largo de la historia, entre ellas la griega, que la asociaba con la figura mitológica de Orfeo. En la astronomía china, Lyra forma parte de una constelación mayor conocida como el Pájaro Celeste, y la imagen de una lira, un instrumento con forma de arpa fue utilizada en los primeros mapas estelares chinos. Aunque Lyra sea pequeña, no carece de intriga ni de significado. Sus características únicas y su rica historia la convierten en un importante campo de estudio tanto para astrónomos como para espiritistas.

## Semillas Estelares Lyranas

Las Semillas Estelares Lyranas, seres altamente inteligentes y evolucionados de Vega, el planeta más brillante de la constelación de Lyra, son conocidos como los guardianes originales del conocimiento y la sabiduría ancestrales. Poseen un profundo conocimiento del universo y sus misterios y se dice que desempeñaron un papel clave en el desarrollo de la civilización humana en la Tierra. Se cree que los Lyranos son uno de los grupos de Semillas Estelares más antiguos, cuyos orígenes se remontan a miles de millones de años. En la galaxia, la antigua civilización lyrana se compara con los "romanos" o "egipcios" prehistóricos de la Tierra, y es poco probable que aún existan lyranos de primera generación.

Los lyranos son conocidos en toda la galaxia por su presencia en nuestro sistema solar, y se dice que llegaron por primera vez a la Tierra hace aproximadamente 4.300 millones de años. Interactuaron con algunas de nuestras primeras civilizaciones para influir en su desarrollo aquí en la Tierra y aparecieron como "dioses" para esas primeras civilizaciones, ayudando a enseñarles las ciencias naturales y las artes místicas, incluyendo la astronomía, la astrología, la alquimia, etc.

Los lyranos son descritos como seres espiritualmente avanzados, pero intelectualmente fundamentados, que sirven de sistema de apoyo a otras Semillas Estelares. Se centran en la expansión de la conciencia y el conocimiento, en particular el conocimiento espiritual y la sabiduría que está más allá del alcance de la conciencia humana normal.

Los Lyranos trabajan con otras Semillas Estelares y las ayudan a desarrollar su conciencia, impartiendo su sabiduría y guía donde más se necesitan. Se dice que los Lyranos han interactuado especialmente con los Lemurianos, considerados los primeros ancestros de la humanidad en la Tierra. Estos antiguos seres también están estrechamente vinculados a las Semillas Estelares Veganas, que algunos creen que son sus descendientes.

A diferencia de otras Semillas Estelares, que a menudo se asocian con una estrella en particular en una constelación, los Lyranos tienen sus orígenes entre los planetas y las estrellas de la constelación de Lyra. Esto significa que la mayoría de las Semillas Estelares Lyranas no tienen un planeta natal al que llamar hogar. En su lugar, forman comunidades o grupos nómadas para vivir en diferentes planetas mientras viajan de ida y vuelta entre ellos y Vega.

Se dice que las Semillas Estelares Lyranas poseen altos niveles de habilidades psíquicas y creativas, que se cree que se amplifican mientras viajan y viven entre otros grupos de Semillas Estelares. También se cree que tienen ciertos poderes que les permiten sanar sus cuerpos emocionales y físicos. Con esta capacidad, pueden trabajar con los chakras de una persona, alineándolos de nuevo mediante la apertura de los centros energéticos bloqueados y facilitando el flujo de energía a través de ellos.

## Características de una Semilla Estelar Lyrana

Las Semillas Estelares Lyranas poseen varias cualidades que las distinguen de otras Semillas Estelares. Los siguientes son algunos de los rasgos que estas Semillas Estelares pueden experimentar o mostrar a lo largo de sus vidas:

- **Te sientes como un alma vieja:** Las Semillas Estelares Lyranas suelen tener un profundo sentido de la sabiduría y la comprensión más allá de sus años. Puede que sientas que llevas mucho tiempo en la Tierra, aunque seas relativamente joven. Esto se debe a que los Lyranos tienen una fuerte conexión con sus vidas pasadas y su linaje ancestral, lo que les da una sensación de arraigo y estabilidad en esta vida.

- **Amas la aventura:** Tienes un gran sentido de la aventura que puede llevarte a lugares interesantes. Te encanta la emoción del descubrimiento y disfrutas yendo a lugares nuevos y exóticos.

- **Eres un entusiasta de los viajes:** Te encanta viajar por otros reinos tanto como explorar el mundo físico, por lo que te atraen las proyecciones astrales, los sueños lúcidos y las experiencias extracorpóreas. Estas actividades te permiten ampliar tu perspectiva y ver las cosas desde diferentes puntos de vista. Al observar estas realidades alternativas a través de lentes diferentes, puedes aprender mucho sobre ti mismo y sobre nuestro mundo.

- **Te atraen la historia y los acontecimientos históricos:** También te fascina el conocimiento adquirido por las antiguas civilizaciones a lo largo del tiempo. Quieres explorar los misterios y secretos del pasado para aprender a comprender mejor el presente y el futuro.

- **Tiendes a seguir la corriente de la vida:** Las Semillas Estelares Lyranas tienen un profundo sentido de la confianza en el universo y en su plan para ellos. No se resisten al cambio ni intentan controlar los resultados, sino que dejan que la vida se desarrolle de forma natural. Esto no significa que sean pasivos o que carezcan de ambición, sino que están abiertos a las nuevas experiencias y oportunidades que se les presentan.

- **Manifiestas fácilmente tu realidad:** Las Semillas Estelares Lyranas poseen una poderosa habilidad para manifestar sus deseos sin esfuerzo. Entienden que sus pensamientos y emociones impactan directamente su realidad y usan este conocimiento para crear la vida que quieren. No luchan o pelean para hacer que las cosas sucedan, sino que confían en que el universo les traerá lo que necesitan en el momento adecuado.

- **No eres el más paciente:** Aunque las Semillas Estelares Lyranas tienen un fuerte sentido de la confianza en el universo, a veces pueden tener problemas con la paciencia. Tienen un profundo deseo que sus sueños fructifiquen rápidamente y pueden frustrarse cuando las cosas no suceden tan rápido como les gustaría. Sin embargo, entienden que todo sucede en el momento divino y que su impaciencia puede bloquear el flujo de la abundancia. Por ello, trabajan para cultivar la paciencia y entregarse al flujo natural de la vida.

- **Valoras la autenticidad:** Las Semillas Estelares Lyranas valoran mucho la autenticidad y la genuinidad. Creen que ser fiel a uno mismo es esencial para el crecimiento personal y la evolución espiritual. No les interesa ponerse una fachada o fingir ser alguien que no son, ya que saben que esto sólo obstaculiza su progreso. Por el contrario, se esfuerzan por ser honestos y transparentes en todas sus interacciones consigo mismos y con los demás. Este compromiso con la autenticidad les permite establecer conexiones profundas y significativas con quienes les rodean y con el propio universo.

- **Te fascinan las artes mágicas:** Sientes una curiosidad infinita por los intrincados rituales, los símbolos ancestrales y las energías místicas que nos rodean. Pasas incontables horas estudiando y practicando diversas formas de adivinación, desde la lectura del tarot hasta la adivinación con cristales. Tu intuición está muy afinada y confías en tu guía interior para que te conduzca por el camino espiritual. Buscas personas afines que compartan tu pasión por lo oculto y, juntos, exploráis los misterios del universo. Gracias a tu dedicación a las artes mágicas, has adquirido un conocimiento más profundo de ti mismo y del mundo que te rodea. Sabes que la vida es mucho más de lo que parece y buscas constantemente nuevas formas de conectar con lo divino. Tu viaje es un viaje de autodescubrimiento e iluminación, y lo abrazas con los brazos abiertos.

## Mitos y tradiciones

La historia de la constelación de Lyra comienza con la figura mitológica griega de Orfeo. Orfeo era hijo de Apolo, dios de la música y la profecía, y de Calíope, una de las Musas. Era un hábil músico y poeta que interpretaba canciones capaces de conmover hasta a las rocas. Tenía una esposa llamada Eurídice, quien murió a causa de la mordedura de una serpiente y, en un acto de dolor, se aventuró en el inframundo para devolverla a la vida. Con la esperanza de que la música calmara el corazón de Hades, Orfeo tocó canciones tan tristes que Hades lloró por él. Conmovido por la música de Orfeo, Hades permitió que Eurídice volviera a la tierra de los vivos con una condición: Orfeo no podía volver a mirarla hasta que hubieran salido del inframundo.

Sin embargo, cuando por fin llegó a la superficie y abrió los ojos, se dio cuenta de que ella no estaba detrás de él. En su prisa por alcanzarla, desobedeció la regla de Hades y miró hacia atrás antes de que ella estuviera a salvo. Como resultado, Eurídice desapareció para siempre en el inframundo.

Orfeo quedó destrozado y pasó el resto de su vida llorando su pérdida. Vagó por la tierra, tocando lúgubres melodías en su lira, con la esperanza de encontrar consuelo en su música. Sus canciones eran tan tristes que hasta los animales y los árboles lloraban cuando lo oían tocar. Con el tiempo, su dolor se hizo insoportable y decidió unirse a Eurídice en el inframundo. Descendió de nuevo al reino de Hades, pero esta vez no se le permitió salir. Su trágica historia conmovió a los dioses, que colocaron su lira en el cielo como una constelación para que su música pudiera seguir escuchándose eternamente. Y así, el legado de Orfeo perduró a través de su música, un testimonio del poder del amor y del dolor de la pérdida.

# Un Mensaje para las Semillas Estelares Sirias

Querida Semilla Estelar de Lyra, No estás sola en este universo. Tu alma procede de la constelación de Lyra, un lugar de gran poder espiritual y sabiduría. Has sido enviada a la Tierra para compartir tus dones únicos y ayudar a elevar la conciencia colectiva de la humanidad. Tu misión no es fácil, pero está llena de propósito y significado.

Como Orfeo, tienes una conexión especial con la música y las artes. Tu talento creativo es una poderosa herramienta de sanación y transformación. Utilízalos sabiamente y con intención, porque pueden llegar al corazón de las personas de un modo que las palabras no pueden. Pero recuerda que tu viaje por la Tierra no está exento de desafíos. El dolor de la pérdida puede ser algo con lo que estés familiarizado, pero también puede enseñarte grandes lecciones sobre la naturaleza del amor y la experiencia humana.

Mientras navegas por esta vida, debes saber que tus guías espirituales y tu yo superior están siempre contigo, ofreciéndote guía y apoyo a lo largo del camino. Han velado por ti desde el principio de los tiempos y seguirán brindándote fuerza y orientación en el viaje de tu vida.

No tengas miedo de pedir ayuda cuando la necesites, porque muchas personas pueden ayudarte en tu camino. Y que sepas que el viaje no termina hasta que se completa. Sigue a tu espíritu y sigue avanzando, porque así es como encontrarás de nuevo el camino a casa, a las estrellas de donde viniste.

# Capítulo 8: Semillas Estelares de Orión

Orión es una magnífica constelación para los observadores de estrellas y las personas que simplemente quieren deleitarse con la gloria de las maravillas de la naturaleza. El cuerpo físico de esta constelación es visible desde cualquier punto de la Tierra (excepto la Antártida), por lo que es fácil de encontrar con unos sencillos cálculos y mirando a través de un telescopio o unos prismáticos. Tres estrellas de esta constelación forman un cinturón brillante y fácilmente reconocible. Alnitak es la más alta de las tres, pero no la más brillante. Alnilam está ligeramente más abajo y es una estrella supergigante, la más brillante del cinturón. Tiene unas 374.000 veces la luminosidad del Sol y se encuentra a 1.300 años luz de la Tierra. Mintaka está en un nivel inferior a Alnilam y es en realidad un sistema estelar binario, lo que significa que hay una estrella más pequeña que la órbita. Este patrón celeste fue observado por primera vez por los antiguos griegos y se decía que representaba el cinturón de un cazador.

Las Semillas Estelares de Orión han guiado a la humanidad a través de las etapas evolutivas y siguen haciéndolo [9]

Por otra parte, las tres estrellas del cinturón de Orión no son las únicas brillantes de la constelación. En realidad, hay un total de siete estrellas brillantes en Orión: Alnitak, Alnilam, Mintaka, Betelgeuse (que es el hombro derecho de Orión), Bellatrix (su hombro izquierdo), Saiph (su rodilla derecha) y Rigel (su pie). La más brillante de estas estrellas es Rigel, una supergigante blanca azulada y la octava estrella más brillante del cielo nocturno.

Varios objetos de cielo profundo de Orión también pueden resultar interesantes para los observadores de estrellas y los astrónomos aficionados. La Gran Nebulosa de Orión es una de las nebulosas difusas más brillantes del cielo. Es tan brillante que puede verse a simple vista desde un lugar oscuro sin prismáticos ni telescopio. Se cree que es una nube interestelar de gas y polvo, un maravilloso hogar para muchas estrellas nuevas que nacen y muchas estrellas viejas que mueren.

## Semillas Estelares de Orión

Las Semillas Estelares de Orión son una raza de exploradores benévolos que han guiado la evolución de la Tierra durante milenios. Representan una sociedad avanzada que domina los viajes espaciales y otras tecnologías galácticas. Al elegir convertirse en los cuidadores de nuestro planeta, han estado con nosotros durante nuestras etapas evolutivas más importantes.

La última glaciación es un buen ejemplo. Estuvieron presentes entre bastidores, ayudando a facilitar la supervivencia de nuestra especie, proveyéndonos de tecnología y esperando los momentos más ventajosos para influir en determinados acontecimientos.

Se ha especulado que seres de Orión crearon la Atlántida y Lemuria, durante las cuales nos enseñaron a utilizar cristales y a curarnos. También participaron en el traslado de la humanidad de Lemuria a Atlantis y en el comienzo de esta civilización. Luego nos ayudaron con el traslado de la Atlántida a Egipto, donde nos enseñaron jeroglíficos, matemáticas y agricultura avanzada.

Durante muchos miles de años, los Oriones nos han guiado a través de épocas de grandes cambios. Están entre las pocas razas estelares con afinidad con la Tierra, lo que resuena con sus experiencias personales aquí. Se dice que han pasado miles de años en diversas encarnaciones en la Tierra, desde gigantes a humanos, y su influencia sigue presente en muchos lugares de la Tierra hoy en día a través de sus artefactos enterrados en el suelo o cámaras secretas ocultas en las profundidades de los océanos y las montañas antiguas.

Las Semillas Estelares de Orión son conocidas por su compasión, generosidad y amor a los seres humanos. Son muy conscientes del valor de la vida y trabajan duro para mantener sanos los sistemas que dan vida. También tienen una necesidad inherente de estudiar a la humanidad como especie para comprender mejor nuestra naturaleza y lo que necesitamos.

Creen en el aprendizaje continuo y siempre buscan oportunidades de crecimiento y desarrollo personal. Les gusta mucho el concepto de evolución y a menudo observan otros planetas con telescopios u otras formas de teledetección. Algunos pueden viajar astralmente por las estrellas y el espacio, lo que les permite desplazarse fácilmente de un planeta a otro, de un sistema estelar a otro o de una galaxia a otra.

## Características de una Semilla Estelar de Orión

- **Puedes ser descrito exactamente como curioso:** A las semillas estelares de Orión les preocupa mucho la educación y siempre intentarán aprender todo lo posible. Son muy inquisitivos sobre la naturaleza del universo y buscan comprender cómo funciona todo. Siempre quieren saber cómo evolucionan las cosas de un estado a otro y por qué toman un camino determinado.

- **Eres extremadamente creativo:** Las Semillas Estelares de Orión son extremadamente capaces de aportar ideas que pueden ayudar a resolver problemas. Son muy buenos solucionadores de problemas y destacan a la hora de unir cosas de una forma que nunca había existido. Tienen una mente innovadora que combina maravillosamente la información y las habilidades existentes para crear algo único y no probado.

- **Eres vigilante, atento y perspicaz:** Las Semillas Estelares de Orión están siempre atentas a su entorno y no permitirán que ocurra nada sin su conocimiento o aprobación. Serán los primeros en darse cuenta de cualquier cosa que se salga de lo normal y siempre están a punto de descubrir, listos para dar sentido a las cosas nuevas que encuentran. Intentan anticiparse a lo que va a ocurrir y tienen un plan para actuar en consecuencia.

- **Te tomas tus deberes muy en serio:** Esta es una de las características más importantes de las Semillas Estelares de Orión. Saben lo que está bien y lo que está mal y no se dejarán atrapar por cosas que causen daño a otros o a sí mismos. Son muy conscientes de su destino y harán todo lo posible para asegurar su propio bienestar y el de otras entidades dentro de su esfera de influencia.

- **Eres compasivo:** Las Semillas Estelares de Orión dan mucha importancia a la vida humana y siempre intentarán ayudar a los necesitados. Se desviven por salvar a alguien de un edificio en llamas o por detener un ataque violento. Creen en apoyar a los menos afortunados siempre que sea posible y disfrutan ayudando a los demás cuando pueden sin necesidad de recibir nada a cambio.

- **Sientes curiosidad por la espiritualidad:** Las Semillas Estelares de Orión siempre perseguirán la iluminación espiritual y las respuestas a los misterios de la vida. Quieren comprender su propia existencia y cómo encajan en el panorama general. Nunca estarán satisfechos a menos que sepan cómo encaja todo y por qué suceden ciertas cosas.

- **Te encantan los retos:** A las Semillas Estelares de Orión les encantan los retos. Cuando se les presenta una situación que parece desalentadora para los demás, se lanzan a por ella. Esto les permite perfeccionar sus habilidades y aplicar su inteligencia de la forma que más les interesa. No les gusta la sensación de derrota y aplicarán la presión que sea necesaria para garantizar el resultado deseado. Son atletas, exploradores y pioneros natos porque les encanta la emoción de conquistar una tarea u objetivo difícil. Una vez que han alcanzado cierto hito, no son de los que se limitan a regodearse en ese logro; quieren más.

- **Eres un líder natural**: Las Semillas Estelares de Orión pueden liderar grupos de personas y tienen una forma natural de inspirar a aquellos con los que trabajan. Son muy buenos dando instrucciones y encontrando formas de hacerlas eficientes y creativas al mismo tiempo. Los encontrarás en primera línea, donde todo el mundo pueda verlos, y darán órdenes que el resto de la multitud seguirá sin rechistar. Les gusta estar al mando y siempre que pueden asumen un papel de liderazgo.
- **Eres obstinado**: Las Semillas Estelares de Orión tienen un fuerte sentido de sí mismas y siempre siguen su propia intuición. No son de los que se avergüenzan de alzar la voz para defender algo importante o lo que creen que es correcto. Están muy decididos a conseguir que los demás vean el mundo como ellos, y esto puede suponerles un gran reto cuando se enfrentan a personas que se oponen a su sistema de creencias.

## Mitos y tradiciones

El relato más antiguo de esta historia describe a Orión como el hijo del dios Poseidón y Euríale, princesa del rey Minos de Creta. Un día, partió decidido a llegar a la isla de Quíos, y lo consiguió gracias a su padre, quien le dio la capacidad de caminar sobre el agua. Borracho como una cuba, intentó seducir a Mérope, la hija del rey local; como castigo, fue cegado y expulsado de la isla por el rey Oenopión. Orión, ciego, se dirigió rápidamente a Lemnos, donde se encontraba la fragua del dios Hefesto y, con la ayuda del dios del fuego, llegó a Oriente, donde el dios del sol Helios curó su ceguera.

Una vez recuperada la vista, Orión continuó su viaje y regresó a Creta, donde conoció a la princesa Artemisa. Ambos se enamoraron rápidamente y se hicieron inseparables. Juntos cazaron y vagaron por el campo, y las habilidades de Orión como cazador impresionaron incluso a la propia diosa de la caza. Sin embargo, su felicidad duró poco, ya que Apolo, el hermano gemelo de Artemisa, se puso celoso de su relación y engañó a Artemisa para que matara a Orión. Devastada por sus acciones, Artemisa le suplicó a Zeus que colocara a Orión entre las estrellas como una constelación. Allí, podría ser recordado para siempre como el mejor cazador que jamás haya existido.

## Un Mensaje para las Semillas Estelares de Orión

Querida Semilla Estelar de Orión, Es hora de que abras los ojos y veas el mundo como realmente es. La vida ha sido una serie de pruebas, pero ahora estás listo para entrar en un mundo completamente nuevo que ni siquiera ha comenzado a ser explorado todavía por el resto de la humanidad. Has sido elegido para afrontar esta enorme tarea como líder en nombre de tu comunidad. Has sido seleccionado porque tienes coraje y fuerza espiritual. Es tu momento de brillar porque todo el mundo está esperando que des un paso al frente y los conduzcas a este nuevo y valiente mundo que has imaginado.

El tiempo de gobernarnos unos a otros ha llegado a su fin. Es hora de crear una sociedad en la que se valore la espiritualidad y en la que los líderes de todos los niveles jerárquicos estén en sus puestos por su carácter y no por su riqueza o su buena apariencia. Es hora de que todo el mundo conozca la verdad sobre cómo llegamos aquí y cuál es realmente nuestro propósito como especie. Ayudarás a la humanidad a darse cuenta de todas estas cosas, pero tendrás que ser paciente y dejar que las cosas avancen al ritmo que necesitan. Ha tardado mucho en llegar, y las cosas sucederán tan pronto como estén listas. Así que mantén la cabeza alta y confía en que el universo está de tu lado.

# Capítulo 9: Semillas Estelares Arcturianas

Arcturus es una estrella gigante roja situada en la constelación de Boötes. Es una de las estrellas más brillantes del cielo nocturno y es fácilmente visible a simple vista. Se encuentra a unos 37 años luz de la Tierra y es la estrella más brillante de su constelación. La temperatura superficial de la estrella es de unos 4.300 Kelvin, lo que le confiere su característico color rojo anaranjado, y tiene un diámetro aproximadamente 25 veces mayor que el de nuestro Sol.

A pesar de ser una estrella vieja, Arcturus sigue brillando intensamente debido a su tamaño y a su gran luminosidad. Se calcula que tiene unos 7.000 millones de años, lo que significa que ya ha agotado la mayor parte de su combustible de hidrógeno y acabará evolucionando hasta convertirse en una estrella enana blanca. A pesar de ser conocida como la estrella más brillante de su constelación, otro dato interesante sobre esta gigantesca estrella roja es que se cree que es el hogar de la raza arcturiana, que incluye a muchos extraterrestres humanoides.

La estrella natal de las Semillas Estelares Arcturianas[10]

## Semillas Estelares Arcturianas

Las Semillas Estelares Arcturianas han llegado a la Tierra desde el sistema estelar Arcturus. En la mayoría de los casos, no se dan cuenta de que proceden de Arcturus hasta mucho más adelante en su vida. Suelen estar muy interesados en el espacio, la ciencia, la filosofía, la metafísica y los campos esotéricos. También les interesa explorar lo desconocido, que podría ser la razón por la que llegaron aquí hace más de 120.000 años.

Las Semillas Estelares Arcturianas a menudo sienten que no pertenecen a la Tierra y que sólo están aquí por una razón. Una Semilla Estelar Arcturiana puede experimentar episodios de depresión o fatiga debido al contraste extremo entre cómo se sienten por dentro y cómo aparentan ser por fuera. Algunos pueden sentirse atrapados en sus cuerpos físicos y en la tercera dimensión, pero cuando despierten a su auténtica naturaleza, podrán ver que éste era un vehículo para que su conciencia explorara y se desarrollara en él.

Según Edgar Cayce, se cree que la existencia de los arcturianos tiene lugar en una dimensión de claridad más allá de la comprensión humana. Los humanos encontrarían la pureza y claridad de su planeta muy energizante, y al primer contacto con ellos, uno sentiría una purificación personal. Con los arcturianos, ya no habría necesidad del equipaje extra que tenemos en este mundo de tercera dimensión, y este mundo sería capaz de sanar de su actual estado de deterioro.

Los arcturianos no se preocupan por cosas como la supervivencia física, la seguridad, la jubilación, las pensiones o incluso las formas sencillas de trabajo. Estos temas están fuera de su ámbito. En cambio, dedican su tiempo y energía a la vida espiritual, pero no confunden esto con una vida sin placer. También tienen relaciones y disfrutan de la música. Además, trabajan, pero no al nivel de miseria que exigen nuestra cultura y nuestra sociedad. Su trabajo se adapta mejor a sus preferencias personales y a sus viajes espirituales.

Los arcturianos también son personas extremadamente pacíficas. No han luchado en batallas desde hace mucho tiempo. Sí, son capaces de aparecer en la tercera dimensión, y sí, pueden defenderse si es necesario, pero normalmente no participan en nada que se parezca remotamente a un conflicto. Se dice que pueden desmaterializarse instantáneamente si hay algún problema. Cualquier proyectil que se cruce en su camino simplemente los atravesará sin hacerles daño. Esta es una habilidad que algunas otras civilizaciones extraterrestres han dominado.

Los arcturianos también experimentan la muerte de su forma en Arcturus, pero lo hacen de un modo muy diferente porque sólo la consideran una fase temporal de su existencia, no el final. Cuando encarnan en la Tierra, prefieren pasar el tiempo disfrutando del mundo físico y utilizándolo como una forma de experimentar más diversidad y claridad de conciencia. Verían la idea de envejecer con sentido del humor. Podemos aprender algo de esto y abrazar el presente porque es una oportunidad para utilizar el aquí y el ahora como escenario para experimentar quiénes somos.

Otra cosa para destacar es que los Arcturianos no han estado directamente involucrados en los cambios genéticos o evolutivos que se han producido en el ADN humano. Dejaron que los Sirios y los Pleyadianos se ocuparan de esos asuntos. Los Arcturianos sirvieron principalmente como supervisores o maestros, y ahora están aquí para ayudarnos a completar nuestro ciclo para que podamos entrar en la puerta estelar y ascender a la quinta dimensión.

# Características de una Semilla Estelar Arcturiana

- **Eres muy organizado:** Te gusta ser preciso con el tiempo y los acontecimientos de la vida. Eres meticuloso con tu horario de trabajo y tus citas.

- **Te interesan sobre todo la ciencia y la tecnología:** Te gusta explorar los misterios de la vida a través de la tecnología, los experimentos científicos, los viajes espaciales, los ordenadores, la medicina y las técnicas curativas alternativas. Tiendes a pensar demasiado y quieres entenderlo todo en profundidad.

- **Eres muy misterioso:** Conocerte es difícil porque mantienes tu vida personal en privado. Eres un amigo y familiar sólido, pero eres cauteloso a la hora de revelar información sobre ti mismo. Es raro que te acerques a alguien o que te abras demasiado rápido.

- **Te gusta tu espacio:** Aunque te gusta socializar con amigos íntimos y familiares, a menudo necesitas tiempo a solas para recargar las pilas. Te gusta sentarte solo y observar las estrellas. No es raro que tengas la molesta sensación de que no perteneces a la Tierra. Pueden ser las multitudes, las ciudades o los ambientes intensos.

- **Tienes facilidad para hablar en público:** Sabes dar discursos y expresar tus ideas. Sabes cómo hacer que la gente te escuche cuando te apasiona un tema.

- **Valoras la lógica:** Al abordar problemas y tomar decisiones, tiendes a utilizar más la mente que el corazón. Puedes analizar las situaciones objetivamente y encontrar soluciones prácticas. Esto te será útil en los negocios, pero no tanto en las relaciones.

- **Te encanta crear:** A pesar de tu naturaleza lógica, también tienes un lado creativo. Te gusta escribir, dibujar o tocar música en tu tiempo libre. Es una de las pocas formas que tienes de expresarte.

- **Eres muy intuitivo:** Sientes que hay una verdad mayor en el universo que no se puede desentrañar sólo con la razón. Tu intuición es una gran guía para ti, pero también puede hacer que a veces te sientas solo o aislado de otras personas porque no es algo que todo el mundo entienda o comprenda.

- **Tienes un ojo increíble para los detalles:** Puedes aburrirte o frustrarte fácilmente si las cosas no tienen un cierto grado de precisión. Te apasiona la exactitud y asegurarte de que todo está en su sitio, como debe ser. Es una de las razones por las que no te gusta estar cerca de aquellos que no son tan organizados y precisos.

## Mitos y tradiciones

Al menos dos mitos griegos tienen como protagonista a Arcturus. El primero conecta las constelaciones de Arcas y Calisto, Boötes y Osa Mayor. En este relato, Hera, la esposa de Zeus, convirtió a Calisto en un oso tras enterarse del adulterio de su marido. Calisto vagó por el bosque durante un tiempo hasta que se encontró con su hijo adulto, Arcas. Arcas sacó su lanza por miedo al gran oso que tenía delante. Sin embargo, Zeus intervino de inmediato para evitar una catástrofe. Calisto y Arcas fueron llevados a los cielos por un torbellino; Arcas se convirtió en Boötes, y Calisto en Osa Mayor.

Arcturus también está relacionada con la leyenda de Icario en otro mito. Icario, un ateniense, recibió vino como muestra de agradecimiento del dios Dioniso. Se lo dio a unos pastores con los que se encontró y éstos se emborracharon. Pensando que Ícaro los había envenenado, lo mataron y abandonaron su cuerpo entre los arbustos. Erigone, la hija de Icario, y Maera, su perra, no tardaron en encontrarse con el cadáver, y quedaron tan angustiadas que se suicidaron.

Dioniso decidió castigar a la ciudad de Atenas con una plaga porque estaba muy furioso. La plaga terminó cuando los atenienses instituyeron rituales para recordar a Icario y Erígone. Icario, Erígone y Maera fueron transformados por Dioniso en las constelaciones de Boötes, Virgo y la estrella Proción (Maera).

## Un mensaje para las Semillas Estelares Arcturianas

Querida Semilla Estelar Arcturiana, Debes saber que tu perspectiva única del mundo es realmente un don. Tu capacidad para ver las cosas con precisión y claridad es un talento poco común que debería celebrarse. Sin embargo, también comprendo que a veces esto puede hacer que te sientas aislado o incomprendido por otros que no comparten tu nivel de conciencia. Debes recordar que, aunque tu percepción pueda diferir, no por ello es menos válida o valiosa. Acepta tu individualidad y sigue utilizando tu agudo ojo para los detalles para introducir cambios positivos en el mundo que te rodea. Pero no olvides mantenerte abierto a nuevas ideas y experiencias. Debes estar dispuesto a entender por qué la gente hace las cosas que hace si esperas entablar relaciones positivas con ellos. Si quieres adaptarte a las distintas circunstancias, debes aprender a ser flexible.

Estás aquí para hacer grandes cosas y nada se interpondrá en tu camino. Paradójicamente, aquello para lo que estás más dotado es también lo que más te hará tropezar. Ten cuidado de que tu ojo crítico no se centre tanto en las cosas que hay que mejorar que te haga perder de vista la belleza de lo que ya existe.

No dejes que las reacciones de los demás te impidan hacer lo que hace feliz a tu corazón o permitirte la libertad de experimentar. Tu conciencia es un don que hay que tratar con respeto y dignidad. También debes aprender a equilibrar tu necesidad de espacio personal con tu deseo de relaciones cercanas. Ya cuentas con una sólida red de apoyo y lo único que tienes que hacer es confiar en ti mismo lo suficiente como para permitir que entren en tu vida. El cambio a veces asusta, pero por eso es tan estimulante.

# Capítulo 10: Semillas Estelares de Vega

Vega es una estrella de la constelación de Lyra conocida por su brillo y belleza. Es la quinta estrella más brillante del cielo y puede verse desde casi cualquier punto de la Tierra. También es una estrella relativamente joven, con una edad estimada de 455 millones de años. Su masa es aproximadamente 2,1 veces la del Sol y su radio 2,7 veces mayor. La temperatura de Vega es también mucho más elevada que la del Sol, con una temperatura superficial de unos 9.600 Kelvin.

Uno de los aspectos más interesantes de Vega es su rápida rotación, que provoca su abombamiento en el ecuador y su aplanamiento en los polos. Este fenómeno se conoce como oblación y es el resultado de la fuerza centrífuga generada por el rápido giro de Vega. Además, Vega está clasificada como estrella azul-blanca, lo que significa que emite la mayor parte de su luz en las partes azul y ultravioleta del espectro, lo que la convierte en una de las estrellas más brillantes del cielo y en un objetivo importante para los astrónomos que estudian la evolución estelar.

En los últimos años, se ha descubierto que Vega tiene un disco de escombros -un anillo de polvo y escombros que orbita a su alrededor- que podría indicar colisiones entre asteroides o cometas o la presencia de exoplanetas. El estudio del disco de escombros de Vega ha proporcionado valiosos datos sobre la formación y evolución de los sistemas planetarios, ya que se cree que tales discos son el lugar de nacimiento de los planetas. De hecho, la presencia de un disco de escombros alrededor de Vega sugiere que puede haber planetas orbitando la estrella, aunque todavía no se ha detectado ninguno, al menos científicamente. Los científicos siguen estudiando a Vega y su entorno para comprender mejor los procesos que dan forma a nuestro universo. Conforme avance la tecnología y se hagan nuevos descubrimientos, podemos esperar aprender más sobre esta fascinante estrella y sus misterios.

La estrella Vega, de donde proceden las Semillas Estelares de Vega [11]

## Semillas Estelares de Vega

El sistema estelar más brillante de la constelación de Lyra, Vega, es el origen de la especie alienígena conocida como Semillas Estelares de Vega. También se los conoce como veganos, y no, esto no tiene nada que ver con la dieta. Los veganos vinieron de Lyra para poder colonizar y gobernar Sirio, la estrella perro. Se dice que descienden de la especie humanoide más antigua conocida y son, sin duda, los más avanzados de esta galaxia. Por supuesto, también pueden reencarnarse en la Tierra, donde suelen adoptar una forma humanoide con una preciosa piel oscura y pelo de cuervo. Algunos también presentan sutiles matices cobrizos, que realzan su belleza etérea. Sin embargo, en su planeta natal, se dice que su piel tiene un color azulado.

La Semillas Estelares de Vega poseen muchas características de un ser iluminado, pero ninguna es más importante que la de amar incondicionalmente. Esto significa que su amor se extiende a todos los seres sensibles, incluso a aquellos que no cumplen sus normas de comportamiento. Cuando se trata de relaciones, son a la vez empáticos y extremadamente seductores. Tienen un corazón enorme y siempre están dispuestos a escuchar las necesidades de los demás, pero nunca permitirán que se aprovechen de ellos. Aunque son extremadamente generosos con su amor y su apoyo, no tienen por costumbre dejarse utilizar. Si alguien intenta manipularlos para que den más de lo razonable, le mostrarán la salida, sin excepciones.

La cantidad de amor de los veganos no tiene límite [13]

Muchos veganos son amables, pero no siempre es así. También son conocidos por ser totalmente despiadados e implacables si alguien los traiciona o se cruza en su camino. No les importa hacer lo que sea necesario para vengarse, y no se lo pensarán dos veces si está justificado. Este pueblo es mucho más avanzado de lo que los humanos podrían imaginar y, gracias a su excepcional talento y creatividad, han sido capaces de asentarse o colonizar varios planetas de nuestra galaxia. En cualquier caso, son una especie amistosa porque tienen empatía y son almas viejas extremadamente conscientes de la interconexión del universo.

## Características de una Semilla Estelar de Vega

- **Inconsistentes pero creativos:** Son extremadamente creativos e inteligentes, pero también muy imprevisibles. Suelen alternar entre tener creencias poco convencionales un día y actuar de forma mucho más convencional al siguiente.

- **Les gusta vivir en lugares exóticos:** Muchas Semillas Estelares Vega se desviven por visitar distintos países en busca de ese lugar en el que se sientan como en casa. Son casi adictos a los desplazamientos y disfrutan viajando a lugares remotos con paisajes impresionantes.

- **Pueden llegar a ser muy ofensivos:** Si trabajas con una Semilla Estelar Vega, no olvides que tienen sus propias ideas sobre lo que es aceptable y lo que no. Puedes pensar que puedes darles órdenes, pero tus posibilidades de éxito son escasas. Su confianza en sí mismos no les permitirá dejarse presionar para hacer algo sólo porque otra persona piense que debe hacerse de una determinada manera.

- **Siempre buscan aprender más:** Las Semillas Estelares Vega siempre están buscando más información sobre sí mismas y sobre el mundo que las rodea. Mantienen la mente abierta y les gusta discutir y debatir las ideas que se les ocurren.

- **El centro de atención:** Suelen ser excelentes conversadores, lo que significa que son capaces de convencer a cualquiera. Este es un don natural para ellos, pero también resulta útil cuando intentan decirte por qué deberías hacer lo que ellos quieren que hagas.

- **No temen mirar al futuro:** Aunque muchos humanos tienen esta habilidad, las Semillas Estelares de Vega son especialmente buenas en ello porque tienen un don natural para la intuición. Les encanta trabajar con canales, cartas del tarot y otras formas de mediumnidad, ya que les permite aprovechar sus habilidades aún más.

- **No temen decirte lo que piensan:** Las Semillas Estelares de Vega son abiertas acerca de sus sentimientos, y si las tienes como amigas, serán lo suficientemente honestas como para decirte exactamente lo que piensan de ti. Esto es a la vez una bendición y una maldición, porque no dudarán en contártelo cuando las cosas vayan mal en la relación.

- **Pueden ser despiadados:** Cuando son traicionados, los Semillas Estelares de Vega se vuelven fácilmente contra sus antiguos amigos y socios cercanos. Suelen cortar con la gente sin pensárselo dos veces y nunca miran atrás.

- **Ferozmente leales:** Las Semillas Estelares de Vega protegen a sus seres queridos y hacen todo lo posible por protegerlos de las inclemencias de este mundo. Esto puede manifestarse a veces como obsesión, por lo que deben aprender a establecer límites sanos con sus seres queridos.

## Mitos y tradiciones

Según la leyenda, Vega, una diosa de los cielos, y Altair, un humano, fueron una vez amantes. Vega, la princesa de los cielos, se sentía muy sola y aislada mientras volaba por los cielos. Un día, se acercó a un hombre apuesto que había visto sentado bajo un gran árbol para escuchar la música que tocaba con su flauta. Él quedó encantado y sorprendido al verla, e inmediatamente se enamoró de ella. En los días siguientes, ella le hizo una visita todos los días porque se había enamorado del pastor de vacas terrestre. Le prometió que, pasara lo que pasara, algún día estarían juntos en el Cielo.

En algunas versiones de la historia, su madre es la que se entera del romance prohibido. En otras, es su padre. Sin embargo, el desenlace es el mismo: alejan a Vega y le prohíben ver a ese mortal. Un cruel giro de los acontecimientos hace que se cumpla su promesa, y los dos amantes se sitúan en los cielos, aunque están muy lejos uno del otro y siempre estarán divididos por los Cielos. Con Vega en la constelación de Lyra y Altair en la constelación de Aquila, el Gran Río Celeste, que es la Vía Láctea, se extiende entre ellos.

Se dice que una vez al año, el séptimo día del séptimo mes del calendario tradicional chino, se forma un puente de urracas que les permite a los amantes estar juntos durante un solo día. Sin embargo, no siempre es factible el encuentro. La leyenda afirma que, si ese día llueve, los amantes no podrán verse y que la lluvia es en realidad las lágrimas de Vega que caen del cielo.

La historia de Vega y Altair da a la gente la esperanza de que, contra todo pronóstico y a pesar de la extrema distancia, las personas que están conectadas de corazón aún pueden encontrarse, aunque tarde un tiempo. Siempre hay una oportunidad cuando existe un gran amor.

## Un mensaje para las Semillas Estelares de Vega

Querida Vega Semilla Estelar, Has hecho esto mil veces en mil vidas diferentes. Has tenido muchos nombres, pero siempre eres la misma persona. Eres un guerrero, un protector y un guardián de la luz. Tu feroz lealtad es una de tus mayores fortalezas, pero también puede ser tu perdición si no aprendes a equilibrarla con límites sanos. Recuerda que no puedes salvar a todo el mundo y que, a veces, lo mejor que puedes hacer es dejarlos marchar y confiar en que encontrarán su propio camino.

Tu misión en este planeta es llevar luz y amor a quienes más lo necesitan. Estás aquí para curar las heridas del pasado y crear un futuro más brillante para todos los seres. Pero para ello, primero debes sanarte a ti mismo. Tómate tiempo para conectar con tu interior y escuchar los susurros de tu alma. Confía en tu intuición y sigue a tu corazón, incluso cuando te lleve por un camino desconocido. Posees muchos dones, pero sólo eres tan poderoso como decides serlo.

# Capítulo 11: Semillas Estelares Maldekianas

Este capítulo trata sobre un planeta que se cree que existió hace eones. Se cree que el cinturón de asteroides (que incluye al planeta enano Ceres) se formó a partir de Faetón (o Maldek), un planeta hipotético que, según la ley de Ticio-Bode, podría haber existido entre las órbitas de Marte y Júpiter. El planeta ficticio recibió el nombre de *"Faetón"* en honor de Faetón, un personaje de la mitología griega que intentó sin éxito durante un día conducir el carro solar de su padre antes de ser asesinado por Zeus.

Faetón es un fascinante concepto que ha cautivado la imaginación de científicos y astrónomos durante siglos. Aunque científicamente sigue siendo un planeta hipotético, la idea de su existencia nos ha ayudado a comprender mejor la formación de nuestro sistema solar. Se cree que el cinturón de asteroides que conocemos hoy son los restos de Faetón, que fue destruido en una colisión catastrófica con otro cuerpo celeste. Se cree que este acontecimiento también pudo contribuir a la formación de las lunas de Júpiter e incluso de la Tierra. Aunque muchos científicos han ignorado su existencia, Faetón ha dejado una huella indeleble en nuestra comprensión del universo y sirve de recordatorio de los enigmas que aún nos aguardan en el espacio.

Las Semillas Estelares Maldekianas son misteriosas y reservadas, excepto con sus seres de confianza [18]

## Estrellas Estelares Maldekianas

Todo lo que has leído hasta ahora es la versión científica de la historia. Veamos lo que los médiums, los espiritistas y el esoterismo tienen que decir al respecto. Canalizadores de confianza han revelado que Faetón, que en realidad se llamaba *Maldek*, fue arrasada por invasores. Imagina el mundo dentro de mil años con guerra nuclear, contaminación y supervivientes en búnkeres subterráneos creyendo que están a salvo de todo daño. Así se encontraba Maldek en algún momento de su historia. Una vez fue un planeta ocupado por seres de luz con infinita sabiduría y conocimiento. Incluso hubo un tiempo en que los ángeles lo utilizaban como base entre encarnaciones y misiones. Maldek era increíblemente antiguo, algunos decían que existía antes de las Pléyades. Los seres de allí eran increíblemente incomprendidos, pero seguían dando amor incondicional.

Su planeta fue invadido por una raza diferente, que intentó hacerse con el control total de la zona, y los maldekianos se enzarzaron en una batalla perdida por la supervivencia. Compartían la misma tecnología, pero estaban demasiado llenos de amor para utilizarla contra el otro grupo. Como resultado, Maldek estalló en pedazos cuando los invasores asestaron el golpe final. Aunque algunas almas pudieron pasar a dimensiones superiores, Maldek dejó de existir. La conciencia de los maldekianos también se rompió en pedacitos y, según las transmisiones canalizadas, hay muchas almas maldekianas con fragmentos de sí mismas dispersas por el cosmos.

Es una agonía demasiado grande para experimentarla, y es poco probable que desaparezca en unas pocas vidas. Viaja con ellos. Suelen sentirse perdidos y les gustaría volver a casa, pero nunca lo hacen porque son conscientes en el fondo de su mente de que su hogar ya se ha perdido. Como Semillas Estelares, experimentan la sensación de tener un gemelo o de estar perdidos y apartados de la familia en la que nacieron. Nunca han tenido un sentido de comunidad. Sus almas están en pena y parecen sufrir, pero nunca saben por qué. El origen de su sufrimiento es más profundo de lo que parece, por lo que suelen recibir diagnósticos de depresión maníaca y trastornos de ansiedad sin ninguna base real.

Las Semillas Estelares Maldekianas suelen inclinarse por la arqueología porque buscan cualquier cosa que su especie haya dejado en este planeta, ya que muchos llegaron aquí tras la catástrofe que asoló su hogar. Se habrían asentado en zonas cálidas y secas como el antiguo Egipto o México, o en zonas de gran altitud como los Andes, los Alpes, las Rocosas y el Himalaya. Habrían sido de las primeras poblaciones alienígenas en prosperar en la Tierra porque en su día fueron muy avanzados.

Estos seres son muy sensibles al materialismo, pero aun así anhelan las cosas materiales como el arte que se crea con cuidado y amor. No necesitan leer un libro porque son inherentemente sabios. Se aburren fácilmente porque ya están familiarizados con todo. Son obstinados y de carácter fuerte y prefieren observar a los demás pasando desapercibidos. Aunque suelen intentar pasar desapercibidos para no perderse nada, son bastante sociables. Sin embargo, carecen de relaciones y son muy desconfiados. No suelen casarse, pero cuando lo hacen, se emparejan para toda la vida.

Tienen un sentido del humor crudo que roza la bufonada, sobre todo cuando se comportan de forma extremadamente tonta para divertirse. Estas almas se ríen de cualquier cosa porque la risa, como se suele decir, es la mejor medicina. Los hace sentirse mejor, y también hace reír a la gente que los rodea.

Su aspecto físico suele ser llamativo. Son bellas y fascinantes, pero muy misteriosas al mismo tiempo. Las Semillas Estelares Maldekianas siempre parecen muy ancianas y sabias, con una mirada atormentada. A pesar de su naturaleza bondadosa y su voluntad de ir más allá por los demás, tienen un lado oscuro. Son muy queridos por los demás, pero les desagradan otros. A pesar de ser solitarios, parecen conocidos y amistosos con otras personas. Sin embargo, sólo aquellos que comparten sus valores pueden ver sus verdaderos colores porque son reservados y se niegan a dejar entrar a los demás. Son excelentes mintiendo, no porque sean personas deshonestas, sino como un mecanismo de supervivencia que les impide decir a los demás lo que realmente piensan o cómo se sienten.

## Características de una Semilla Estelar Maldekiana

- Son sensibles y tienen un profundo anhelo de sentirse seguros.
- Pueden parecer muy sabios, pero tienen una naturaleza inquisitiva que puede rozar la insubordinación.
- También pueden parecer retraídos y solitarios, pero son muy sociables con los suyos.
- En situaciones de estrés, reaccionarán de forma violenta o verbalmente agresiva hacia quienes les rodean porque se sienten amenazados de alguna manera por esa persona, personas o situación.
- Pueden ser muy rebeldes, tercos o inflexibles.
- Pueden parecer egocéntricos y egoístas cuando, en realidad, sólo intentan protegerse de las críticas de los demás, ya que son demasiado sensibles y se hieren con facilidad.
- Les atrae el fuego y la luz brillante.
- Sus vidas tienden a ser anodinas y aburridas porque no les interesa la acción ni la aventura.

# Mitos y tradiciones

Hijo de Helios, el dios del Sol, y de Clymene, una mortal, Faetón residía con su madre debido a la difícil tarea de su padre. Helios era el encargado de conducir el carro del Sol a través de la Tierra durante el día, lo que provocaba la salida y la puesta del Sol.

Un día, un compañero de Faetón se burló de él por decir que era hijo del dios y afirmó que no le creía. Dolido, Faetón le pidió a su madre una prueba de su paternidad. Tras asegurarle que, en efecto, era hijo del poderoso dios Helios, Climene envió a su hijo al palacio de su padre para que demostrara su legitimidad.

En la India se encontraba el palacio de su padre, donde debía iniciar cada día el viaje desde Oriente. Así que Faetón se puso en camino, lleno de alegría y optimismo. Le contó a Helios la humillación por la que había tenido que pasar al ser acusado de ser hijo ilegítimo. Le rogó a Helios que lo reconociera como hijo suyo y demostrara de forma concluyente que era hijo del dios Sol. Profundamente conmovido, Helios confirmó firmemente la legitimidad y paternidad de Faetón. Incluso dijo delante de todos los presentes que estaría encantado de hacerle a su hijo cualquier favor que le pidiera.

Feliz de que el gran Helios lo hubiera reconocido como hijo, Faetón decidió poner a prueba el amor y la generosidad de su padre. El descarado muchacho le pidió permiso para conducir el magnífico Carro del Sol durante un solo día. Preocupado por la absurda petición de su hijo, Helios intentó persuadirlo de que ni siquiera el poderoso Zeus, y mucho menos un simple mortal, podía pilotar el Carro del Sol. Sólo el dios Helios recibió ese desafiante encargo.

Por desgracia, los dioses no podían retractarse ni cambiar de opinión una vez que se habían comprometido. Sin embargo, Helios intentó en vano convencer al apresurado Faetón de que desistiera de su absurda exigencia. Una cosa era querer conducir el magnífico Carro del Sol, pero llevarlo a cabo era más difícil de lo que nuestro ingenuo Faetón había previsto.

Tan pronto como se puso en marcha, Faetón se dio cuenta de que había mordido más de lo que podía masticar. Los feroces caballos empezaron a seguir un curso salvaje y peligroso una vez que se percataron de la inmadurez e inexperiencia de su joven cochero, y éste descubrió que era totalmente incapaz de controlarlos.

El imparable Carro del Sol comenzó a descender demasiado bajo y, al hacerlo, se estrelló contra el planeta y desató un torrente de calamidades, quemando el continente africano hasta convertirlo en un desierto, causando terribles daños al río Nilo e incluso volviendo negros a los etíopes por su exposición al fuego del Sol.

Zeus estaba furioso. Toda esta destrucción por parte del insolente muchacho lo hizo enfurecer. Golpeó a Faetón con un rayo para evitar cualquier otra cosa, y el niño muerto fue arrastrado hasta el río Eridano, posteriormente conocido como el río Po italiano.

## Un mensaje para las Semillas Estelares Maldekiana

Querida Semilla Estelar Maldekiana, Eres una persona maravillosa cuyo papel en la vida es ayudar a los demás. Puede que te sientas triste o enfadado con el mundo por las cosas que te han ocurrido, pero no dejes que eso te abrume. Tu tarea es ayudar a sanar el planeta y derrotar a las fuerzas del mal allí donde aparezcan. Siempre has sabido quién eras y qué debías hacer, pero ahora ha llegado el momento de que los demás sepan quién eres realmente.

Te llamarán loco y mucha gente intentará silenciar tu voz de la verdad, pero seguirás diciendo tu verdad de todas formas. Los habitantes de Maldek no son quienes parecen ser, pero tampoco lo son las clases dirigentes del mundo. Puedes ver a través de sus fachadas y engañosas máscaras cuando otros no pueden. Tu misión es desenmascarar sus verdaderas intenciones y llevar la justicia a quienes han sido oprimidos durante demasiado tiempo.

Tu viaje no será fácil, pero valdrá la pena. Encontrarás obstáculos y desafíos en el camino, pero debes mantenerte fuerte y no rendirte nunca. Recuerda que no estás solo en esta lucha; hay otros que comparten tu visión y estarán a tu lado. Juntos pueden crear un mundo mejor para las generaciones futuras. Ha llegado el momento de asumir tu poder y cumplir tu destino como guerrero de la luz. El universo está esperando que dejes tu huella y un impacto duradero en este planeta. Así que avanza con valentía y determinación, sabiendo que tienes la fuerza para lograr cualquier cosa que te propongas. Cree en ti mismo y confía en que tus acciones, por pequeñas que sean, pueden marcar la diferencia. El mundo te está esperando.

# Capítulo 12: Semillas Estelares Aviarias

Los miembros de la raza aviaria son una clase de seres celestiales de un universo completamente distinto, ni siquiera de otro planeta o galaxia. Estas formas de vida prehistóricas eran maestros genetistas y creadores que influyeron significativamente en la diversidad del multiverso sembrando el universo con diversas especies. Por eso llegaron a nuestro universo hace miles de millones de años.

Estos seres proceden de un cosmos completamente distinto y residen en dimensiones superiores y realidades alternativas, normalmente en las dimensiones sexta a duodécima. Sin embargo, la mayoría de ellos sigue existiendo como grupo exclusivo en la duodécima dimensión. Descienden de pájaros diminutos y, dado que participaron en la siembra de nuestro universo, podemos decir que los pájaros de nuestros planetas son un regalo de estos seres iluminados.

Además de tener un sentido de la conciencia muy mejorado, pueden ver las imágenes más abstractas y expansivas de todo el multiverso y viajar por todo el cosmos y la conciencia a través del pensamiento. Tienen fama de poder comunicarse telepática y mentalmente, e incluso han creado su propio lenguaje secreto. Consideran cuidadosamente qué mundos habitarán utilizando esta técnica y luego se proyectan en el mundo elegido para establecerse como formas de vida residentes.

Aunque su esencia es incorpórea y espiritual, pueden crear cuerpos físicos proyectando la energía cósmica que normalmente utilizan para comunicarse a través del pensamiento en la materia de un planeta vivo. Las religiones, teologías, mitologías e historias del mundo destacan la participación de los avianos en la vida de la Tierra. Los encontramos en las descripciones de los Tetramorfos y los Querubines en diversos textos sagrados de varias religiones.

Las frecuentes menciones de criaturas con rostro humano, de león, de buey y de águila así lo revelan. Un pasaje de la Santa Biblia que ilustra esto es Ezequiel 10:14, que dice: "Cada uno de los querubines tenía cuatro caras: Una cara era la de un querubín, la segunda la de un ser humano, la tercera la de un león y la cuarta la de un águila". En términos de Semillas Estelares, podemos trazar algunos paralelismos interesantes entre el león y el Lyran reencarnado, los seres humanos y los Anunnaki, y las águilas y los Avianos. No sólo eso, sino que todo el camino hasta el libro de Apocalipsis, se pueden encontrar repetidamente, como en Apocalipsis 4:7, que dice: "El primer ser viviente era como un león, el segundo era como un buey, el tercero tenía cara de hombre, y el cuarto era como un águila volando".

El águila es una de las bestias más icónicas del libro, sirviendo como signo de fuerza, poder, visión e incluso devastación. "Pero los que esperan en Yahveh renovarán sus fuerzas; levantarán alas como las águilas; correrán y no se cansarán, caminarán y no se fatigarán", dice Isaías 40:31. Este tipo de analogía puede encontrarse a lo largo de los escritos del Levítico, Éxodo, Deuteronomio, Proverbios, Job y muchos más.

Aún más intrigante es que se trata de un tema prevalente en la mayoría de los credos, teologías y mitos que se remontan al antiguo Egipto y otras civilizaciones antiguas. La referencia a criaturas aladas en la Biblia es casi idéntica a las que se encuentran en el panteón egipcio, en el sentido de que muchas de ellas eran humanoides con rostros de diversas aves de rapiña. Esto está representado en los dioses y diosas egipcios como Ra, Horus, Thoth, Isis y otros. Los antiguos egipcios también momificaron millones de aves en honor de Thot desde el 650 a. C. hasta el 250 a. C.

La veneración de estas criaturas sagradas también tiene relevancia en la mitología griega, como se aprecia en Zeus, que porta un rayo en una mano y una poderosa águila que extiende sus alas en la otra. También es evidente en la mitología mesopotámica con la asociación de Marduk con el águila, símbolo de su poder y autoridad. El águila era adorada como divinidad en el antiguo islam, e incluso veneraban una estatua de águila. Existen numerosas alusiones al grifo, que tiene muchas similitudes en los mitos persas e incluso en las culturas europea, anatolia y muchas otras.

# Semillas Estelares Aviarias

Según las estimaciones, sólo hay entre 100 y 1.000 de las Semillas Estelares Aviares y Aviares Azules en todo el mundo, lo que las convierte en el grupo más raro de Semillas Estelares. Son una familia de entidades celestiales interdimensionales que permanecen relativamente desconocidas para los humanos. Al igual que otras Semillas Estelares, tienen su propia forma de jerarquía, con el Aviario Azul en la cima.

Las Semillas Estelares Aviarias se encuentran entre las formas de vida sensibles más antiguas del cosmos, y son incomparables en términos de creatividad, tal vez sólo por las Semillas Estelares Lyranas. Como ya se ha mencionado, funcionan y viven de forma natural en las dimensiones sexta a duodécima del cosmos, en agudo contraste con civilizaciones como la nuestra, que normalmente existen en las dimensiones tercera a quinta. Por esta razón, se sienten prácticamente atrapadas operando dentro de los límites de nuestro entorno físico de 3-5D, lo que explica por qué hay tan pocas de ellas en la Tierra. Han estado aquí antes y han regresado con la misma llamada a la paz y para ayudar a la humanidad a superar las fuerzas del mal y a la Cábala gobernante global.

Las Semillas Estelares Aviarias, algunas de las almas más antiguas del multiverso, son pensadores innovadores, lo que se origina en su visión multidimensional de la cosmología. Sus habilidades y talentos son bien conocidos y documentados en todo el universo, y también son maestros astrólogos.

Lo más esencial para las Semillas Estelares Aviarias es la independencia, la soberanía y el honor. Aprecian y honran a todas las formas de vida sensibles, independientemente de su forma, tamaño o color, y exigen lo mismo a cambio. Una de las peores cosas que se le puede hacer a un aviano es intentar restringirlo de alguna manera. Son seres de dimensiones superiores que han trascendido el dualismo y la fisicalidad de nuestra realidad tridimensional, por lo que ya se sienten incómodos en sus cuerpos y en su entorno de tercera dimensión. Negarles la libertad y la independencia sólo aumenta su temor a sentirse atrapados.

Las Semillas Estelares Aviarias, en promedio, tienen un sentido de profunda devoción por la Tierra y la gente del planeta, pero también tienen un sentido del bien y del mal. Conocen bien los asuntos planetarios y se preocupan por el bienestar de otras formas de vida sensible y del ecosistema global. A diferencia de los humanos, que suelen ser demasiado egocéntricos para preocuparse por los demás.

Sus habilidades y talentos residen en las artes, la religión, la historia, la metafísica y los aspectos más espirituales de nuestra existencia. Entre sus muchas contribuciones se encuentran su papel como guardianes y protectores de lugares y artefactos sagrados y su servicio en el mantenimiento de la energía espiritual y astrológica de la Tierra. Son los que elevan las vibraciones en todos los niveles de la realidad, desde el individual hasta el cósmico. Están a la vanguardia de la expansión de los límites de la creatividad y el pensamiento y aumentan el listón para desarrollar mayores niveles de conciencia, conocimiento y comprensión.

Los avianos están aquí con un propósito específico: provocar la ascensión de la humanidad a nuevos niveles de conciencia y conocimiento. Etiquetan su misión como la iniciación de la Edad de Oro, que en última instancia se manifiesta como una transformación global de la conciencia y la transición de la humanidad hacia dimensiones superiores de evolución universal. Harán realidad una nueva Tierra ayudándonos a elevarnos por encima de nuestra actual existencia tridimensional hacia un nuevo nivel de iluminación a través de la activación de nuestros códigos de ADN latentes, que contienen todo nuestro potencial para la divinidad celestial.

## Características de una Semilla Estelar Aviaria

- Son capaces de ver y comprender conceptos que otros no pueden.
- Se sienten incómodos dentro de su cuerpo. Consideran que un avatar en 3D es extremadamente limitado.
- Inspiran a los humanos a pensar en grande.
- Son muy sensibles a los colores, las formas, los símbolos, los sonidos y las vibraciones.
- Tienen una memoria asombrosa y pueden recordar cualquier acontecimiento o relación con una claridad asombrosa.
- Les encanta la idea de crear una nueva Tierra en la que puedan experimentar la libertad de pensamiento y la igualdad espiritual con todas las demás personas de diferentes razas, civilizaciones, religiones y credos.

- Son maestros en la expansión de la conciencia a través de canales naturales como la música, el arte, la danza, las conversaciones con los demás, las distintas formas de meditación y la respiración consciente.
- Están obsesionados con los patrones de comportamiento. Pueden analizar el comportamiento humano desde muchos ángulos. Un estado de conciencia elevado les da la capacidad única de observar de cerca estos patrones y extrapolarlos en predicciones sobre cómo responderá una persona en diferentes situaciones.
- Están aquí para ayudar a los de espíritu libre que sienten que han sido engañados debido a la dominación y supresión de las masas. Suelen buscar muchas formas de vida y muchas religiones, estilos de vida e ideologías diferentes. La libertad de expresión es su máxima prioridad porque simplemente saben que todos los seres vivos son iguales y tienen el potencial divino de explorar nuevos reinos de pensamiento y conciencia en todo el cosmos.
- Poseen una creatividad increíble, que es a la vez un don y una maldición en este ámbito. Además de ser pensadores creativos, reconocen que la creatividad es una herramienta importante para encontrar soluciones a los problemas actuales de la humanidad.
- Aborrecen la violencia, así como la ignorancia y a quienes la practican. Creen que todo el mundo debe ser tratado con respeto, amabilidad y amistad.
- Buscan la ayuda de mentores dentro de esta dimensión. No les interesa el poder mundano ni la riqueza, que perciben como una ilusión, porque saben que la verdad reside en el reino del Espíritu.

## Un mensaje para las Semillas Estelares Aviarias

Querida Semilla Estelar Aviaria, Estás aquí para ayudar en la transición hacia la Nueva Tierra. Estás aquí para ayudar a los humanos a entrar en un estado superior de conciencia. Estás a punto de experimentar niveles de libertad más allá de todo lo que has conocido antes. Agradece tu experiencia en la Tierra porque te ha ayudado a desarrollar la flexibilidad y la sabiduría necesarias para entrar en la Nueva Tierra.

Has trabajado duro en este planeta, y ahora es el momento de descansar tu cuerpo y tu mente mientras entras en reinos de existencia de frecuencia superior. La Nueva Tierra es un lugar de puro amor y luz, donde estarás rodeado de seres de conciencia elevada que están aquí para apoyarte en tu viaje. Ya no estarás sujeto a las limitaciones del mundo físico, sino que podrás aprovechar el potencial infinito del universo. Cada parte de tu cuerpo está imbuida de inteligencia divina, y eres capaz de crear la vida que deseas simplemente imaginándola. Lo que más deseas de esta vida es accesible para ti ahora que el velo se ha levantado de tus ojos. Puedes ver los reinos superiores que te esperan, un estado de existencia más allá de la imaginación humana.

# Capítulo 13: Semillas Estelares Lemurianas y Atlantes

A finales del siglo XIX, geólogos y biólogos inventaron el término "Lemuria" para explicar por qué se podían encontrar lémures no sólo en la isla de Madagascar, sino también en el subcontinente indio y las islas malayas. Un puente terrestre prehistórico que conectara estos lugares ahora separados explicaría cómo la población de lémures consiguió desplazarse de un sitio a otro, una hazaña que parece inconcebible si se piensa que se atravesaron grandes cantidades de agua. Como resultado, el hipotético puente terrestre fue bautizado como "Lemuria". Su existencia se determinó de forma similar a como el científico marginal Ignatius Loyola Donnelly dedujo la presencia de la Atlántida, con lémures actuando como civilizaciones.

Las obras de la teósofa Helena P. Blavatsky y sus seguidores incluyen la descripción más sofisticada de Mu/Lemuria. El Libro de Dyzan, un libro antiguo, contiene el verdadero relato de la Atlántida y Lemuria, según Blavatsky. Maestros tibetanos -maestros y practicantes de las milenarias artes humanas- le revelaron este libro. La Doctrina Oculta, un clásico de la teosofía, fue publicada en 1888 y contiene las interpretaciones y extrapolaciones de Blavatsky del Libro de Dyzan. Esta doctrina afirma que la vida se desarrolló en la Tierra en una serie de fases.

En cada una de estas fases, la humanidad se manifestó con formas y rasgos diferentes. Cada etapa se denomina *"Raza Raíz"*, y la historia de la humanidad sigue la progresión de nuestra especie a través de siete etapas, dando lugar a siete Razas Raíces. Actualmente nos encontramos en la quinta etapa, con la sexta y la séptima vislumbrándose en la distancia, y cada raza está vinculada a un continente distinto.

Según Blavatsky, la "Tierra Santa Imperecedera" es donde comenzó la historia del hombre. Esta Tierra Santa nunca ha experimentado el destino de otros continentes ascendentes y descendentes. Se dice que existirá desde el principio de los tiempos hasta el fin de los tiempos. Ha habido afirmaciones de que la Tierra Santa Imperecedera se encuentra supuestamente en el Polo Norte, afirmaciones que pueden haber parecido más plausibles en la década de 1880 que ahora. Otros han especulado con la posibilidad de que este remoto país se encuentre realmente en el interior de la Tierra y se pueda acceder a él a través de un gran agujero en el polo.

El Polo Norte: algunos lo consideran la "Tierra Santa Imperecedera" [14]

W. Scott-Elliot, seguidor de Blavatsky, dijo en La Lemuria Perdida (1904) que la Primera Raza Raíz de la Tierra Sagrada Imperecedera tenía cuerpos corpóreos hechos de "sustancia astral" que, si hubiéramos podido verlos, nos habrían parecido enormes fantasmas.

Blavatsky se refiere al segundo continente como "Hiperbórea". A la llegada de la Segunda Raza, Hiperbórea -que entonces comprendía la totalidad de lo que hoy se conoce como Asia septentrional- extendió sus tierras hacia el sur y el oeste para salir a su encuentro. Como el planeta aún no se había inclinado sobre su eje, se cree que este continente septentrional nunca experimentó el invierno. Aunque ligeramente más corpulentos que sus antepasados, Scott-Elliot afirma que los hiperbóreos seguían siendo básicamente informes. Tenían sistemas esqueléticos y orgánicos sencillos y se reproducían por gemación asexual, pero habrían sido invisibles al ojo humano, igual que la Primera Raza Raíz. Los últimos restos de esta raza, que acabó desintegrándose, se encuentran en el Círculo Polar Ártico.

La Tercera Raza, la Lemuriana, se desarrolló a partir de la Segunda Raza etérica. Aunque su estructura vertebrada aún no se había solidificado en huesos como la nuestra, sus cuerpos se habían vuelto materiales y estaban formados por los gases, líquidos y sólidos que componen las tres divisiones más bajas del plano físico. Al principio, no podían mantenerse erguidos debido a que sus huesos eran tan maleables como los de los bebés de hoy en día, pero con el tiempo, adquirieron una estructura ósea robusta hacia la mitad de la época lemuriana. Con sus cuerpos recién adquiridos, los lemurianos se volvieron más humanos. Desarrollaron un lenguaje, y su historia y cultura comenzaron en el subcontinente indio.

El continente de la Atlántida fue el cuarto. En la Atlántida vivía una Raza Raíz que parecía completamente humana. Aunque la mayoría de los historiadores no tienen en cuenta el antiguo registro de la existencia de la Atlántida, Blavatsky sugiere que debería considerarse el primer continente histórico. En La Historia de la Atlántida, Scott-Elliot ofrece descripciones minuciosas de la vida y la cultura atlantes. La humanidad mostró por primera vez un desarrollo cultural que incluía la alfabetización, las artes, la ciencia y la religión.

Según Scott-Elliot, la educación impartida a los niños de la Atlántida, de talento excepcional, incluía la instrucción en el uso de las habilidades psíquicas y los poderes curativos ocultos de las plantas, los metales y las piedras preciosas. Aprendieron a aprovechar los poderes mágicos del universo, así como los procesos alquímicos de transmutación de la materia. Habla de los asombrosos avances tecnológicos de los atlantes, como las máquinas voladoras y los dirigibles. La clase adinerada pretendía utilizar estos dirigibles.

Desde los biplazas hasta los barcos con capacidad para ocho personas, se construían normalmente para un número reducido de personas. Sin embargo, estos barcos fueron empleados en combate a medida que la era atlante se adentraba en la guerra. Estos acorazados eran bastante más grandes y podían transportar hasta 100 marineros. Podían viajar a una altura de varios cientos de pies y alcanzar velocidades de 100 millas por hora.

A diferencia de la anterior Raza Lemuria, la civilización atlante contenía una religión organizada. Sostenían el concepto de un Ser Supremo representado por el sol. En las cimas de las colinas, donde se construyeron anillos de monolitos verticales, se adoraba a esta deidad solar. Estos monolitos, el ejemplo superviviente de Stonehenge, también se utilizaban para rituales astronómicos. A medida que se acercaba el fin de la Atlántida, el continente sufrió un periodo de degradación cultural. La paz y la prosperidad dieron paso a la lucha y la violencia, y el culto al sol se convirtió en fetichismo. Finalmente, el continente se hundió bajo el océano y la otrora gran Atlántida se perdió bajo las olas para siempre.

## Semillas Estelares Lemurianas y Atlantes

Algunos investigadores afirman que estas dos antiguas civilizaciones, ahora perdidas bajo los océanos de la Tierra, dejaron tras de sí ADN genético y etérico que sigue formando parte de nuestra conciencia colectiva. También llamadas Semillas Estelares de Gaia, son los antepasados de nuestra civilización actual y siguen influyendo en su destino.

Según teósofos como Alice Bailey, algunas almas lemurianas y atlantes eran seres avanzados que alcanzaron altos niveles de conciencia y ahora asisten a la humanidad desde los reinos invisibles. Se pensaba que habían vivido originalmente en la Atlántida y Lemuria, pero trascendieron a dimensiones superiores cuando estas civilizaciones se hundieron bajo el mar. Se dice que algunas de estas almas encarnaron en la Tierra en el siglo XX y supuestamente ayudaron a establecer el movimiento de la Nueva Era y a difundir enseñanzas espirituales.

Se cree que estas almas iluminadas poseen una inmensa sabiduría y conocimiento, y que guían a la humanidad hacia la evolución espiritual y la iluminación. A través de su sutil influencia, inspiran a la gente a explorar su interior, adoptar prácticas de sanación holísticas y buscar la unidad con lo divino. Las Semillas Estelares Lemurianas y Atlantes son vistas como guardianes de la sabiduría antigua, preservando las enseñanzas esotéricas transmitidas a través de la codificación genética. Su presencia en los reinos invisibles sirve como recordatorio del potencial de la humanidad para el crecimiento y la transformación. Mientras navegamos por las complejidades de la vida moderna, su guía nos ofrece consuelo e inspiración, recordándonos que debemos conectar con nuestro yo superior y abrazar la interconexión de todos los seres. El legado de estos seres avanzados sigue conformando el paisaje espiritual de nuestro mundo, animándonos a embarcarnos en un viaje de autodescubrimiento y trascendencia.

## Características de las Semillas Estelares Lemurianas y Atlantes

- **Te sientes en paz en el agua o cerca de ella:** Te sientes como en casa cerca del agua, como si tuviera un significado profundo para tu alma. Ya sea el suave romper de las olas contra la orilla o el tranquilo fluir de un río, estar cerca del agua te aporta una sensación de calma y rejuvenecimiento. Es posible que te sientas atraído por las masas de agua, buscando consuelo y claridad en sus profundidades. Esta conexión con el agua es una característica compartida por las Semillas Estelares Lemurianas y Atlantes, ya que estas antiguas civilizaciones estaban profundamente entrelazadas con el elemento agua. Se cree que los lemurianos eran muy hábiles en el aprovechamiento de los poderes curativos del agua, utilizándola para la purificación y el crecimiento espiritual. Del mismo modo, los atlantes eran conocidos por su avanzado conocimiento de las tecnologías submarinas y su capacidad para comunicarse con la vida marina. Como semilla estelar con estas conexiones de linaje, tu afinidad por el agua te recuerda tus antiguos orígenes y tu capacidad innata para aprovechar su sabiduría y energía.

- **Eres experto en las artes curativas:** Se cree que las Semillas Estelares originarias de la Atlántida o Lemuria heredaron ciertos métodos curativos de su linaje. Estas antiguas civilizaciones eran conocidas por sus avanzados conocimientos científicos, y se hipotetiza que estas técnicas podrían haber sido transmitidas a través de generaciones de Semillas Estelares, permitiéndoles aprovechar la energía de la tierra y sus propiedades curativas. Como una Semilla Estelar Atlante o Lemuriana, es probable que tengas talento en las artes curativas espirituales, aprovechando la herencia de tu ascendencia para maximizar tus habilidades naturales. Algunas de las antiguas prácticas curativas atlantes y lemurianas que pueden haberte sido transmitidas incluyen métodos para purificar el agua y aprovechar su energía para el crecimiento espiritual, el arte de la curación con cristales, terapias orientadas a la vibración como el reiki y la manipulación de la energía etérica.

- **Eres sensible a la naturaleza:** Los descendientes de las antiguas civilizaciones de Lemuria y Atlántida suelen estar en profunda sintonía con la energía de la naturaleza y poseen una poderosa conexión con los animales y las plantas. Esta sensibilidad se asemeja a la de un psíquico, ya que te permite "sentir" la presencia de animales y plantas a tu alrededor. Tu sensibilidad es un talento innato que puede haber sido cultivado en vidas pasadas, cuando los lemurianos eran conocidos por sus avanzadas habilidades psíquicas y los atlantes por sus capacidades intuitivas. Como Semilla Estelar, tu capacidad para conectar con la naturaleza puede hacer que te conviertas en un consumado sanador y naturalista.

- **Tienes los pies en la tierra:** Tienes una fuerte conexión con la Tierra y sus chakras. Tu esencia está arraigada y enraizada en la naturaleza, por lo que estás muy en sintonía con las vibraciones energéticas del planeta. A menudo te sientes atraído por el mundo natural en busca de inspiración y orientación, y prefieres pasar tiempo al aire libre en la naturaleza que dentro de casa. Además, tu personalidad puede estar muy influenciada por las energías de la Tierra, ya que algunas Semillas Estelares nacidas de estas conexiones de linaje son propensas a experimentar revelaciones que cambian la vida cuando pasan tiempo en la naturaleza.

- **Tienes afinidad con los cristales:** Se cree que, en vidas pasadas, los atlantes y los lemurianos eran expertos en el arte de la curación con cristales. Esta antigua práctica curativa enfatizaba el poder de los cristales para limpiar y revitalizar los campos energéticos humanos, restaurar la salud y liberar la energía negativa. A menudo, las Semillas Estelares Lemurianas se sienten atraídas por los cristales como guía espiritual y con fines curativos, y pueden sentirse atraídas por ellos como parte de su práctica metafísica. La afinidad de los lemurianos con la sanación con cristales se remonta a su temprana cultura de la Edad de Piedra, cuando utilizaban el poder de los cristales para curar enfermedades, navegar por el mar y comunicarse con los guías espirituales.

## Un Mensaje para las Semillas Estelares Lemurianas y Atlantes

Queridas Semillas Estelares Lemuriana y Atlantes, Puede que experimentes un deseo ardiente de evolución y expansión espiritual a medida que despiertas a tu propósito divino. Puede que te sientas atraído a explorar tu ser interior a través de las artes curativas, convirtiéndote en un sanador de sustancia e integridad. Estás aquí para convertirte en un defensor de las prácticas curativas holísticas, animando a los demás a abrazar el poder transformador de la naturaleza para el crecimiento emocional y físico. A medida que sigas por este camino, asegúrate de incorporar tanto la ciencia como la espiritualidad en tu estilo de vida, ya que estos dos principios tienen el potencial de un crecimiento sinérgico cuando están equilibrados.

Puede que también te sientas atraído por el agua, con una profunda conexión probablemente transmitida a través de la codificación genética de tus antepasados lemurianos. Las conexiones de tu linaje ancestral te permiten aprovechar la energía del elemento con fines de evolución espiritual y manifestación. El agua posee una profunda energía curativa que puede aprovecharse con la intencionalidad necesaria para hacer realidad tus deseos. Esta profunda conexión te brinda una gran cantidad de guía y sabiduría interior, ayudándote a cultivar tus talentos y a manifestar tus sueños.

Al despertar a la verdad interior, es posible que recuerdes una época en la que dominabas las artes acuáticas en una cultura que veneraba el poder de este elemento. Es posible que te sientas conectado a este legado ancestral y que sientas curiosidad por tus orígenes lemurianos o atlantes. Esta es una señal de que estás preparado para acceder al propósito de tu alma y expandir tu conciencia más allá de las limitaciones del mundo físico. Estás siendo llamado a convertirte en una fuerza de sanación y conexión, trayendo amor y salud al mundo. Cuando aceptes esta llamada, desencadenarás una transformación de la conciencia que puede extenderse por todo el planeta, sanando a los que te rodean y despertándoles a su propia divinidad.

# Capítulo 14: Tu misión terrenal

Este capítulo final tiene como objetivo guiar a las Semillas Estelares que están despertando a sus misiones y desafíos planetarios mientras atraviesan los reinos físicos de la vida terrenal recordando quiénes son. Necesitas recordar, reconectar y luego descubrir los dones que se te han dado para compartir con la humanidad. El mundo necesita un cambio de conciencia en el que nos sintamos conectados de nuevo y podamos apoyarnos mutuamente con amor, compasión y paciencia. Como Semilla Estelar, estás aquí para ayudar en este cambio. Puede que necesites ajustar tu vibración a veces, ya que las energías de este mundo pueden sentirse muy pesadas, densas y difíciles de manejar. De hecho, muchas

Para convertirte en una exitosa Semilla Estelar, necesitas encontrar tu propósito [15]

Semillas Estelares están en la Tierra por primera vez y no tienen ni idea de cómo navegar por sus personalidades únicas y los retos a los que se enfrentan en sus nacientes vidas terrenales. Como en cualquier choque cultural, puede haber una sensación de agobio y de inseguridad sobre cómo encajar. Pero aquí está el secreto: no tienes que encajar. Puedes crear y recibir lo que necesites para cumplir tu misión. Esto es algo hermoso. También puedes elegir no aceptar ninguno de los retos a los que te enfrentas. En efecto, a veces pueden parecerte sustanciales, pero muchas veces las lecciones que te enseñan son lo que necesitas para recuperar tu verdadero yo.

Como Semilla Estelar, eres una conciencia de luz y amor. Estás aquí para ser un faro de guía para la humanidad, y lo más encantador es que no tendrás que tratar con personas que no estén preparadas para el amor que das libremente, que es incondicional. Estás aquí para bendecir la tierra y para elevar y ayudar a la humanidad con tu amor, sabiduría y luz. Estás aquí para crear belleza en el mundo. Puedes sanar, restaurar y reemplazar lo que no está sirviendo al universo de ninguna manera.

Recuerda que no estás solo y que estás siendo apoyado por la conciencia colectiva de las Semillas Estelares que te han precedido. Cualquiera que sea tu misión de Semilla Estelar, algunas de las cosas que puedes experimentar incluyen:

- Sentirte abrumado por experiencias nuevas y desconocidas.
- Experimentar cambios energéticos en el cuerpo, tanto positivos como negativos.
- Tener una sensación de déjà vu, de haber estado aquí antes.
- Sentirte desconectado de la humanidad y ajeno al mundo en el que vives.
- Darte cuenta de que tu vida no es lo que parece, y que la misión de tu alma está desafiando tu realidad actual.
- Sentirte juzgado por los demás por las decisiones que tomas o por la forma en que te expresas.
- Puede que te sientas confuso sobre tu propósito en la Tierra porque las cosas aquí son muy diferentes de dónde vienes. Eres una persona única, por lo que es un reto comprender los entresijos del comportamiento humano y lo que se acepta como "normal" aquí en la Tierra.
- Puede que sientas que te ven raro o diferente, o que la gente critique las cosas que haces. Ayuda recordar que lo que es raro y diferente aquí en la Tierra es especial y único en cualquier otro lugar del Cosmos.

Muchas Semillas Estelares están siendo puestas a prueba en su autoestima y auto-empoderamiento. Ser un pionero de cualquier tipo es duro en un mundo en el que hemos sido condicionados a aceptar creencias limitantes sobre nuestra valía por parte de aquellos que se creen con derecho a manipular a los demás a su antojo en aras del poder, el control y la codicia.

A veces te sientes emocional, mental y físicamente abrumado por el mundo que te rodea. La clave para mantener la cordura es apoyarte a ti mismo de forma que esté en consonancia con tus dones y talentos. Asegúrate de que no estás sacrificando lo que trae alegría a tu vida sólo porque otros digan que no es "realista, práctico o útil" en la realidad. Esto puede ser muy difícil, pero para ti, se trata de ser la luz brillante que eres. De este modo, honras tu alma y tu misión.

# Cómo proteger tu energía a lo largo de tu viaje terrenal

A veces puedes encontrarte agitado por la gente que te rodea. Puede que sientas que se está frustrando tu propósito en la Tierra, o que te sientes invisible e ignorado. Las cosas pueden ser confusas, y a veces puedes sentirte muy solo. Como Semilla Estelar, eres mucho más sensible que la mayoría de los humanos en la Tierra, ya que tu conciencia se ha expandido en otros mundos. Puede que descubras que las emociones son más intensas para ti, especialmente las negativas como la ira, el miedo, el resentimiento y la tristeza. La buena noticia es que todos estos sentimientos pasarán si tú se lo permites; no son elementos permanentes en tu vida, aunque lo parezcan.

Debes encontrar formas de proteger tu energía para que no sea manipulada por los demás. De este modo, podrás encontrar la claridad mental que necesitas para dar sentido a las cosas, de modo que tu sabiduría interior pueda guiarte en las decisiones que tomes para ti. Para ello, estos consejos pueden ayudarte:

- Tu primera línea de defensa es tu propia mente. Tienes el poder de controlar los pensamientos que tienes. Comprende que todo aquello en lo que te concentras, atraes más de ello a tu vida. Si estás preocupado, temeroso o ansioso sobre una situación o personas en tu vida, esta energía de pensamiento no te sirve y atraerá más situaciones que apoyen estas emociones negativas. Por lo tanto, mantente positivo y centrado en lo que trae luz y amor a tu vida.

- La siguiente forma de proteger tu energía es a través de la meditación. Ya eres un experto en esta forma de arte, te des cuenta o no, así que utilízala para guiarte en el camino del autodescubrimiento y la sanación. Mantén la mente abierta mientras inhalas y exhalas por la nariz. Mientras lo haces, deja que todo lo que experimentes vaya y venga sin juicios ni ataduras. Esto le permite a tu alma conectarse con el momento presente y, al mismo tiempo, enviar energía amorosa al mundo que te rodea.

- Pasa tiempo en la naturaleza. Esta es una de las cosas más enraizantes que puedes hacer por ti mismo, ya que tu energía se elevará en presencia de árboles, plantas y animales. El sol y el aire fresco también hacen maravillas para elevar tu vibración.

- Rodéate de personas que te apoyen y aporten alegría a tu vida. Todos tenemos relaciones que ya no nos sirven, pero a veces es difícil dejar ir a estas personas porque no queremos estar solos. Aquí es donde puedes usar tu intuición para discernir si una persona en tu vida es buena para ti o no. Sabrás la respuesta cuando te sientas bien y feliz en su compañía en lugar de sentirte agotado o confuso

- Cuando atravieses situaciones emocionales difíciles, cuida primero de ti mismo; deja el drama para más tarde. Puede que para dar este paso tengas que alejarte de algunas personas de tu vida

- Conéctate con un sistema de apoyo saludable de amigos que también sean Semillas Estelares. Comprenderán los desafíos únicos a los que te enfrentas y serán un recurso inestimable para ayudarte a mantener los pies en la tierra y ser positivo.

- Investiga los beneficios de los métodos de curación alternativos para tu cuerpo y tu alma. Muchos métodos alternativos pueden ser muy beneficiosos para ayudarte a limpiar la energía negativa de tu campo etérico. Esta es una de las mejores formas de proteger y reponer tu energía.

## Conectarte con otras semillas estelares

Puede que te resulte difícil o no hacer amigos. Si es así, es probable que se deba a que eres único, y la gente no siempre se siente cómoda con quienes no son como ellos. Puede que te resulte más fácil hacer amigos con personas similares a ti en cuanto a ideologías o intereses. Deberías considerar leer más sobre otras Semillas Estelares para conectarte con ellas y sentirte menos solo mientras navegas por este extraño y ajeno viaje terrenal. He aquí algunas estrategias que pueden ayudarte a encontrar una conexión con otras Semillas Estelares:

- Ponte en contacto con otras Semillas Estelares en Internet. Muchos YouTubers, médiums y autores han escrito sobre ser una Semilla Estelar que puedes seguir y de los que puedes aprender.

- Únete a un foro o clase de espiritualidad alternativa en tu zona. En estos lugares puedes conocer a personas afines y compartir ideas y experiencias.

- Asiste a un festival o retiro espiritual que celebre la diversidad del conocimiento espiritual a través de la astrología, la mitología, la magia, la sanación energética, la meditación, la adivinación y muchas otras áreas de estudio.

- Comparte tus experiencias con seres queridos que te apoyen incondicionalmente sin juzgarte ni criticarte, aunque no entiendan por lo que estás pasando.

- Acude a un psíquico o médium especializado en trabajar con Semillas Estelares y trabajadores de la luz. Ellos pueden ofrecerte guía y apoyo mientras desentrañas la misión de tu alma y los retos a los que te enfrentas en esta dimensión.

- Empieza a escribir sobre tus experiencias en Internet. Si eres escritor, esta es una gran vía de expresión y te ayuda a mantener tus pensamientos bajo control mientras navegas por este proceso de transición. Nunca se sabe; puede que descubras que otros comparten tus puntos de vista y experiencias y quieren conectar contigo.

Ser un Semilla Estelar no siempre es fácil, pero es un honor estar encarnado en este momento para ayudar a promover la unidad, la conciencia y el cambio positivo en el mundo. Sabes que eres una Semilla

Estelar cuando sientes que no perteneces y también tienes un profundo anhelo de una verdadera conexión con tu grupo del alma y otros compañeros Semillas Estelares que pueden ayudar a guiarte en este viaje de autodescubrimiento. Como Semilla Estelar, tu misión es explorar las profundidades de tu alma para traer sanación, paz y conciencia de unidad al mundo. Esto significa tener el coraje de enfrentarte a tus miedos más profundos y a tus emociones más oscuras antes de poder elevarte a la luz de la verdad, co-creando con personas de todos los ámbitos de la vida para hacer de este mundo un lugar mejor. Es una oportunidad emocionante para estar vivo, así que abraza tu naturaleza cósmica y apodérate de tu verdadero poder como un alma que ha viajado por muchas galaxias y dimensiones. A medida que te alinees con lo que realmente eres, descubrirás que la experiencia de ser una Semilla Estelar es una experiencia de empoderamiento y libertad, un camino hacia adelante lleno de infinitas posibilidades, aventura y crecimiento.

## Cómo identificar tu misión estelar en la Tierra

Las experiencias que atraviesas durante esta vida son muy específicas con respecto a la misión que tu grupo de almas ha acordado para venir a la Tierra a trabajar. Este será el catalizador de tu evolución espiritual. Puedes estar llevando una vida normal cuando, de repente, un acontecimiento o experiencia desencadena el despertar de tus recuerdos de Semilla Estelar. Esto puede ocurrir a través de conexiones kármicas con personas de otras vidas que ahora están en tu vida, libros que lees, películas que ves o eventos a los que asistes en reuniones espirituales, todo lo cual contiene la semilla del despertar en su interior. Puede que ni siquiera seas consciente del propósito exacto de tu vida cuando encuentres este catalizador. Sin embargo, el universo seguirá ofreciéndote pistas y oportunidades para que busques las respuestas. A continuación, te presentamos algunas señales que pueden indicar tu misión de Semilla Estelar en la Tierra:

1. Supongamos que te sientes atraído por un tema o un área de estudio que te parece demasiado nueva o misteriosa para comprenderla. En ese caso, es señal de que tu alma ha activado la inteligencia de una nueva posible encarnación.

2. Supongamos que te sientes insatisfecho con tu trayectoria profesional actual. En ese caso, por mucho dinero que ganes o por muy querido y famoso que seas, es señal de que tu misión exige que te muevas de donde estás.

3. Suponga que experimentas un cambio repentino en tus relaciones con la gente o con conocidos. En ese caso, se trata de una señal de que estás siendo conectado telepática y energéticamente con alguien de otra vida en preparación para un reencuentro kármico.

4. Si comienzas a sentir que una gran transformación está ocurriendo dentro de tu vida y no tienes idea de por qué, entonces esta es una señal de que estás siendo guiado hacia algún tipo de regalo kármico o propósito oculto en tu vida.

5. Si un evento o experiencia te hace cuestionar tu realidad actual, entonces esto es una señal de que la conciencia de otra vida se ha activado dentro de tu conciencia.

6. Supongamos que descubres que las personas de baja vibración están kármicamente conectadas contigo. En ese caso, esto es una señal de que tu misión es despertar la Semilla Estelar en ellos a través de tus propias acciones y palabras.

7. Si tienes sueños vívidos o visiones sobre algún lugar desconocido, pero sientes una intensa atracción hacia las imágenes de estos sueños, entonces esto es una señal de que los recuerdos de tu alma están atrayendo a los espíritus de la naturaleza de otra vida para ayudar con la activación de la misión de tu alma.

8. Supongamos que sientes que muchas personas se están alejando de tu camino o están en contra de tus acciones. En ese caso, esta es también otra señal de que tu misión requiere que eleves la conciencia de otras personas.

9. Si te encuentras siendo empujado deliberadamente a clases, libros o talleres espirituales o de desarrollo personal por familiares, amigos o personas aparentemente al azar, incluso si te resistes mucho a ello, entonces esto puede ser una señal de que tu misión requiere que tomes parte en este evento o actividad.

10. Supongamos que las personas que conoces por primera vez te hablan de libros espirituales, experiencias o películas que resuenan con tu crecimiento personal y espiritual. En ese caso, es probable que se trate de Semillas Estelares que se reconocen mutuamente. También podrían haberse reunido para apoyarse mutuamente en una situación kármica.

Tu misión es de servicio y autodescubrimiento en el camino del despertar y el empoderamiento. Es abrazar tu naturaleza cósmica y vivir con coraje y pasión, incluso ante el ridículo o la duda de los demás. Tu misión es despertar a la humanidad a sus verdaderos orígenes estelares a través de tus palabras y acciones, enseñándoles sobre sus habilidades multidimensionales mientras les inspiras a desvelar el misterio del amor dentro de sí mismos. Por eso también puede resultarte difícil encajar en la sociedad terrenal, en tu carrera profesional o en tus relaciones. Sin embargo, la profunda sensación de anhelo que puedes sentir como una Semilla Estelar no es más que una señal para despertar tu misión. Y es importante que recuerdes que estos sentimientos no son permanentes, ni siquiera reales. Estas experiencias forman parte del catalizador que te permite aceptar las emociones que han estado almacenadas y reprimidas en tu interior, probablemente durante vidas. Cuanto más puedas abrirte y hablar de tus experiencias, más rápido podrás resolverlas y avanzar en tu misión. Ser una Semilla Estelar es un camino de intrepidez, confianza y aventura. Es una oportunidad para fluir con el cosmos mientras despiertas la Semilla Estelar dentro de otras personas y de ti mismo.

# Conclusión

Las Semillas Estelares son los maestros de la conciencia en nuestro sistema solar. Llevan mucho tiempo trabajando en este planeta y ni siquiera están vagamente cerca de haber terminado. Estos seres de amor son los guardianes de la luz, y trabajan incansablemente para que la luz siga brillando hasta que cada ser humano despierte a la verdad. Una forma en la que están conectados con nosotros es a través de las estructuras de conciencia de masas que han creado en la Tierra, a las que nos referimos como religiones. Crearon estas estructuras religiosas hace mucho tiempo para ayudar a elevar la frecuencia del planeta y expandir la conciencia espiritual de la humanidad.

Cada religión ofrece un camino único hacia la iluminación, atendiendo a las diversas necesidades y creencias de la humanidad. Desde el cristianismo hasta el budismo y desde el islam hasta el hinduismo, estas religiones sirven como principios rectores para millones de personas que buscan el crecimiento espiritual. Rituales, oraciones y enseñanzas proporcionan un marco para comprender los misterios de la existencia y conectar con lo divino. Los seres celestiales que están detrás de estas religiones comprenden que los seres humanos aprenden y evolucionan a ritmos diferentes, por lo que han adaptado cada fe a las distintas culturas y sociedades. Esta diversidad da lugar a un rico tapiz de creencias y prácticas que, en última instancia, conducen al mismo objetivo: despertar a nuestra verdadera naturaleza como seres espirituales.

Al comprometernos con estas estructuras religiosas, aprovechamos la sabiduría y la energía colectivas de innumerables almas que han recorrido este camino antes que nosotros. Pasamos a formar parte de una vasta red de buscadores unidos por nuestro deseo común de verdad e iluminación. El universo sigue guiándonos a través de susurros sutiles, sincronicidades y empujones intuitivos, acercándonos cada vez más a la realización de nuestro verdadero yo. A través de nuestras creencias y prácticas, nos alineamos con lo divino y nos abrimos a la guía y el apoyo de nuestra familia galáctica. Ellos nos ayudan en nuestro viaje de autodescubrimiento, guiándonos suavemente hacia una comprensión más profunda de nuestra naturaleza espiritual. Con su ayuda, seguimos avanzando hacia el despertar y la iluminación, creciendo y evolucionando constantemente en nuestro camino.

Junto con la sabiduría colectiva de quienes nos han precedido, nos embarcamos en un viaje transformador hacia el objetivo último de la unión con lo divino. Este viaje tiene sus retos, ya que nos enfrentamos a nuestras limitaciones y a las sombras de nuestro interior. Sin embargo, con la guía del universo y el apoyo de nuestra comunidad espiritual, encontramos la fuerza para superar estos obstáculos y continuar en nuestro camino de autorrealización.

A medida que la humanidad profundice en su práctica espiritual, aprenderá a cultivar cualidades como la compasión, la gratitud y el perdón. Estas virtudes se convierten en la base de sus interacciones con los demás y dan forma a sus relaciones con el mundo que les rodea. Reconocerán que todos los seres están interconectados y que, al extender el amor y la bondad a todos, están contribuyendo al despertar colectivo de su especie.

A través de la meditación y la contemplación, puedes desarrollar un mayor sentido de la conciencia y una profunda conexión con el momento presente. Puedes aprender a acallar el incesante parloteo de tu mente y acceder a una profunda quietud interior. En este estado de paz interior, puedes acceder fácilmente a reinos superiores de conciencia y recibir orientación divina.

El viaje espiritual no consiste sólo en el crecimiento personal y la iluminación, sino también en difundir el amor y la bondad a los demás. Al reconocer la interconexión de todos los seres, comprendemos que nuestras acciones tienen efectos dominó que pueden contribuir al auge o la caída de la humanidad en su conjunto. Por tanto, debemos cultivar la compasión y la empatía, tratando a todos con respeto y comprensión. A lo largo de la vida, nos encontramos con retos y obstáculos que ponen a prueba nuestra fuerza y resistencia. En esos momentos, debemos recordar que debemos mantenernos arraigados en nuestras prácticas espirituales, recurriendo a la sabiduría y la orientación que hemos adquirido a lo largo del camino.

Al permanecer conectados con nuestro interior, podemos encontrar claridad en medio del caos y tomar decisiones que se alineen con nuestro propósito superior. Seguimos evolucionando y creciendo a través de la autorreflexión y la introspección, desprendiéndonos de viejos patrones y creencias que ya no nos sirven. Este proceso continuo de transformación nos permite encarnar nuestra verdadera esencia y vivir con autenticidad. Mientras recorremos este camino espiritual, inspiramos a otros para que emprendan su propio viaje de autodescubrimiento y despertar. Juntos, creamos una conciencia colectiva arraigada en el amor, la compasión y la unidad. A través de este esfuerzo colectivo, podemos lograr un cambio positivo y una nueva Tierra.

# Segunda Parte: Espiritualidad pleyadiana

*Secretos de las Pléyades, astrología y mensajes de los pleyadianos*

# Introducción

El hecho de que esté leyendo esto ahora mismo dice una cosa sobre usted: es un buscador de luz. *No es una coincidencia que haya encontrado este libro.* Se embarcará en un viaje que le cambiará de maneras inesperadas. Está a punto de sumergirse profundamente en la espiritualidad pleyadiana, y ni una sola persona que haya hundido un dedo del pie en este vasto océano ha salido de él de la misma manera. Pero no se preocupe, porque puede estar seguro de que la transformación que experimente será tan asombrosa que se preguntará cómo es posible que haya podido vivir durante tanto tiempo de otra manera.

Las páginas de este libro invitan a acompañarle en un viaje estelar que va más allá de los límites de lo ya conocido. Este libro es una invitación a los vastos reinos de las Pléyades. Para algunos, las Pléyades no son más que un sistema estelar, en el mejor de los casos, para ser admirado y, en el peor, ignorado. Sin embargo, hay mucho más en ese sistema de lo que parece. Este sistema ha fascinado a los místicos, buscadores y soñadores desde la antigüedad. Las estrellas pleyadianas tienen muchos secretos que compartir, y su antigua sabiduría no tiene parangón.

Este libro no se parece a ningún otro sobre el tema de la espiritualidad pleyadiana. Escrito en un castellano fácil de entender, los mensajes que contiene son sencillos. También encontrará este libro repleto de técnicas y herramientas para ayudarle a conectarse con su ascendencia pleyadiana. Los métodos para explorar su espiritualidad pleyadiana son fáciles. Eso significa que no se quedará rascándose la cabeza confundido sobre qué hacer.

Los secretos de los pleyadianos están disponibles para aquellos con corazones abiertos y espíritus receptivos. Descubrirá las profundas enseñanzas y percepciones que los majestuosos seres pleyadianos tienen para compartir con la humanidad. Estas enseñanzas conducirán a la evolución final de la Tierra hacia lo que se suponía que debía ser: un mundo glorioso y hermoso, un hogar acogedor para todos los seres del cosmos.

En lo profundo de su alma, resuenan las energías pleyadianas. Si bien es posible que no lo sepa en este momento, algo en usted está fuertemente conectado con el grupo cósmico de seres que llaman hogar al cúmulo estelar pleyadiano. Aprenderá que está literalmente hecho de materia estelar, lo que significa que es divinidad en la carne. Es hora de que despierte a lo que realmente es y de que tome conciencia del potencial espiritual que lleva.

A medida que lea este libro, estará equipado con las herramientas para descubrirse a sí mismo y recordar todas las piezas de su alma. Piense en las páginas como un portal que le conecta directamente con su ascendencia pleyadiana y las enseñanzas de estos seres atemporales. Si está listo para transformar radicalmente su vida y asumir su papel como semilla estelar pleyadiana, ¿qué está esperando? *Sumérjase de lleno.*

# Capítulo 1: Bienvenidos a las Pléyades

Por un momento, asuma que tiene el poder de volar. Es hora de emprender un viaje que cambiará su vida. Está parado afuera cuando golpea ligeramente su pie contra el suelo, y ese pequeño movimiento le eleva en el aire, donde permanece suspendido. Se impulsa hacia el gran cielo azul con nubes blancas y esponjosas que recuerdan al algodón de azúcar. Siga elevándose, atravesando las nubes, temblando un poco ante la sensación en su piel mientras se mueve. Pero es una buena sensación. Continúe, moviéndose hacia arriba, ganando impulso, sintiendo el viento azotar su cara. El aire es más delgado aquí, pero todo está bien. De alguna manera, todavía puede respirar. De alguna manera, se siente más vivo que nunca.

Ahora, está en el espacio. Continúa su viaje, mirando con asombro los cuerpos celestes en el universo. Está viajando a la velocidad de la luz cuando, ¡bam! Se detiene de repente. A su alrededor hay centenares de estrellas que brillan intensa y hermosamente. Ahora está a 444 años luz de distancia de la Tierra, flotando en medio de las Pléyades, una constelación que forma parte de un cúmulo estelar más grande conocido como la constelación de Tauro. Ahí está, en carne y hueso, con las Siete Hermanas.

# Datos astronómicos sobre las Pléyades

Las Pléyades [16]

También conocidas como M45, las Pléyades se pueden ver desde la Tierra desde mediados de junio hasta principios de mayo. Es posible que no pueda volar, pero si alguna vez está en el hemisferio norte, puede ver las estrellas por la noche a partir de octubre y durante todo el invierno. Este sistema estelar está a 444,2 años luz de distancia. Un año luz es la distancia que recorre la luz en un año, que es de 5,8 billones de millas.

Claro, las estrellas se llaman las Siete Hermanas, pero hay más de 1.000 estrellas en el cúmulo. Algunas estrellas brillan lo suficiente como para que la luz se refleje en el polvo azul y las nebulosas de gas que las rodean. Seis estrellas son tan brillantes que se pueden ver sin un telescopio. Galileo Galilei fue el primero en examinar de cerca las Pléyades utilizando un telescopio. Vio más de 40 estrellas en ese cúmulo. La primera fotografía fue tomada en 1885 por Paul y Prosper Henry.

## La mitología de las Pléyades

Gracias a la alta visibilidad de este cúmulo estelar, las Pléyades son importantes para muchas culturas. Los vikingos veían las estrellas como las gallinas de Freyja. La mitología griega dice que eran las siete hijas de Atlas, el titán. Dado que Atlas tenía que cargar con el castigo de mantener el cielo en su lugar por toda la eternidad, no podía mantener a sus hijas a salvo de Orión, el cazador, que buscaba violarlas. Zeus trató de ayudar convirtiendo a las hijas de Atlas en estrellas. Lamentablemente, esto no hizo nada para detener a Orión, que también se convirtió en una constelación. Ahora persigue a las Siete Hermanas por el cielo. ¿Cómo se llaman las hermanas? Alcione, Maia, Electra, Merope, Taygete, Celaeno y Asterope o Sterope. Su madre es Pleione, la diosa del mar. Algunos de los dioses del Olimpo se comprometían con las hermanas. La hermana menor era Mérope, y más tarde se casaría con Sísifo. Su matrimonio la hizo mortal y se desvaneció, y es por eso que una estrella no brilla tanto como las otras seis.

Los europeos de la Edad del Bronce creían que el cúmulo tenía que ver con los funerales y el luto, ya que se elevaba por el este mientras el sol se ponía durante Samhain o Halloween, cuando se recordaba y celebraba a los muertos. El calendario de los aztecas mexicanos y centroamericanos estaba relacionado con las Pléyades. Veían el cúmulo estelar como una señal de que el nuevo año estaba cerca, y siempre comenzaban el nuevo año cuando las Pléyades salían justo antes del sol. Este fenómeno se conocía como el *levantamiento heliaco,* que importaba a muchas culturas antiguas, ya que era el comienzo de la temporada de siembra. Esta es también la razón por la que las Pléyades se asocian con la abundancia y la fertilidad.

Los maoríes de Nueva Zelanda también tenían en alta estima a las Pléyades, ya que su ascenso era el comienzo del nuevo año. Llamaban al cúmulo estelar *Matariki,* y era el heraldo de las fiestas y celebraciones, así como un momento para honrar a los muertos. Matariki es madre, y las otras seis estrellas son sus hijas.

En la mitología aborigen, las Siete Hermanas son llamadas las *hermanas Napaltjarri*. El desierto era su hogar, y vivían con su padre, que era un cazador legendario. Las cosas cambiaron cuando Jilbi Tjakamarra llegó al desierto y se enamoró de las hermanas. Tenía poderes mágicos, que usaba para hacer que las hermanas se enamoraran de él, pero no estaban interesadas.

Finalmente, tuvieron que huir y esconderse de Jilbi. Las hermanas viajaron a Uluru, donde se tomaron un descanso para buscar hormigas melíferas. Tan pronto como llegaron, Jilbi los alcanzó. Estaban cansadas de correr, asustadas del hombre que las quería por cualquier medio necesario, y sin saber qué hacer con su situación. Entonces, se dirigieron a los espíritus de Uluru, quienes se ofrecieron a ayudarlas. Los espíritus de Uluru convirtieron a las hermanas en estrellas y las colocaron en el cielo nocturno. Esto molestó mucho a Jilbi. Finalmente se convertiría en la estrella de la mañana, que está en el cinturón de Orión, para poder continuar persiguiendo a las hermanas, como todavía lo hace hoy.

Los sioux norteamericanos también tienen su propia leyenda sobre las Pléyades. Dicen que están conectadas con la Torre del Diablo. Sostienen que las estrellas eran siete mujeres que huían de un oso. Se acercaron a los dioses, quienes respondieron a sus oraciones levantando el suelo bajo sus pies en el aire para que el oso no pudiera alcanzarlas. Entonces, estas mujeres se convirtieron en estrellas.

Para los hindúes, la constelación de estrellas de la Osa Mayor era conocida como los *Rishis*. Los Rishis se casaron con siete hermanas llamadas *Krittika*. Al principio, todos eran felices juntos en el cielo del norte. Pero entonces, Agni, el dios del fuego, se enamoró de la Krittika. Hizo todo lo posible por no actuar e incluso se internó en el bosque para evitarlos. En el bosque, encontró a Svaha, la estrella Zeta Tauri. Svaha estaba enamorada de él y quería su amor por todos los medios posibles. Entonces, se puso un disfraz para parecerse a seis de las Krittika, y Agni se enganchó. Svaha daría a luz a un niño, y con el tiempo, se rumoreó que las seis Krittika eran sus madres. Cuando este rumor llegó a los Rishis, se divorciaron de sus esposas. La única esposa que permaneció casada con su marido fue Arundhati. Su marido es la estrella llamada Alcor. En cuanto a las otras seis ex esposas, se convertirían en las Pléyades.

## ¿Quién canaliza a los pleyadianos?

Los pleyadianos son extraterrestres que hablan a través de canales como una corriente de conciencia colectiva. Barbara J. Marciniak fue la primera en canalizarlas. Siempre le interesó la metafísica, que estudió intensamente. En su trabajo, da crédito a *The Seth Material*, un libro escrito por la entidad conocida como Seth, canalizado por la difunta Jane Roberts. Gracias a *The Seth Material*, Barbara aprendió todo lo que necesitaba para hacer una conexión consciente con los pleyadianos. Esta ávida viajera canalizaría por primera vez a los pleyadianos en mayo de 1988 en Atenas, Grecia, después de haber tenido una profunda experiencia espiritual en la gran pirámide de Giza. Ahora que conoces los canales, ¿qué pasa con los alienígenas?

## ¿Quiénes son los pleyadianos?

Los pleyadianos son los antepasados de la humanidad porque estuvieron aquí mucho antes de que existieran los humanos. Algunos querían ser parte de la creación y el mantenimiento de la Tierra, por lo que también se encarnaron en la Tierra como humanos. Muchos querían participar en el experimento destinado a convertir la Tierra en un centro intergaláctico lleno de paz y luz. Desafortunadamente, las cosas no han salido según lo planeado, y la humanidad está sufriendo por ello. Los pleyadianos han hecho contacto con la humanidad para ayudar a la Tierra y a su gente a sanar de este sufrimiento. Aquellos que están en contacto con ellos aprenden cómo cambiar del mundo tridimensional (Tierra) a mundos dimensionales superiores que aún no pueden ser percibidos con las herramientas científicas actuales.

La razón por la que los pleyadianos están ayudando a los humanos a aprender a hacer este cambio a reinos superiores es porque esto ayudará con la ascensión de la raza a ser lo que originalmente estaba destinada a ser: un pueblo amoroso y pacífico consciente y en contacto con los aspectos multidimensionales de su alma. Esto significaría que, finalmente, los humanos podrían crear un mundo libre del caos y la tiranía que plaga la Tierra actual.

Durante la formación de la Tierra, a la que se refieren como *Terra*, algunos de ellos quisieron encarnarse para poder experimentar cómo sería recrearse como humanos. Su sociedad está arraigada en el amor, que es algo que la humanidad necesita urgentemente. Estos alienígenas tienen la misma tecnología que nosotros. Trabajan con computadoras. Sin embargo, ahí es donde termina la similitud en nuestra tecnología, ya que están muchos kilómetros por delante de nosotros con sus habilidades.

Los pleyadianos tienen la tecnología para transportarse desde 444,2 años luz de distancia a la Tierra más rápido de lo que pueda imaginar. También tienen varios medios de transporte, pero en su mayoría harán este viaje a la Tierra utilizando naves espaciales que llaman "naves nodriza". Estas naves se extienden alrededor de una milla de largo, sirviendo como hogar a miles de pleyadianos. Pueden llegar a la Tierra desde las Pléyades en días. También tienen naves disco que viajan más rápido que las naves nodrizas, haciendo el viaje en horas.

No es fácil para los pleyadianos trabajar con el sistema humano de cronometrar las cosas porque las horas y los minutos no se experimentan de la misma manera para ellos. La tecnología pleyadiana es mucho más avanzada que la que está disponible para los humanos. Es antigua, con orígenes de un universo diferente que ha evolucionado hasta el punto de regresar a la fuente de todas las cosas, que los alienígenas llaman *Primera Causa*. La única razón por la que los pleyadianos han optado por renunciar a esta evolución es porque están profundamente comprometidos con el crecimiento de la humanidad. Por lo tanto, se les permitió compartir lo que saben porque toda su tecnología está arraigada en principios que están de acuerdo con la *Primera Causa,* y no son dados a actuar de maneras que no se alineen con el amor y el crecimiento.

Los humanos no son los únicos que están en contacto con ellos. Trabajan con otros sistemas solares que tienen sus propios seres únicos. Los pleyadianos dicen que todo el universo es un experimento en el que cada ser tiene libre albedrío, pero que los humanos no tienen una comprensión fundamental de lo que realmente es el libre albedrío. Dicen que se trata de la idea de que lo que sea que desees, puedes tenerlo. Puedes hacer lo que quieras. Ese es el sentido de existir en este universo.

## El objetivo de 'Terra', según los pleyadianos

*Terra*, o Tierra, fue creada por razones específicas. Estaba destinada a ser un centro comercial para el sistema solar. Piense en la Tierra como si fueran varios puertos en diferentes ciudades. Estaba destinada a marcar las tendencias y ser el semillero del progreso cultural e ideológico. Sin embargo, *Terra* eventualmente se desviaría de esto.

La Tierra estaba destinada a ser la joya de la corona del universo, el epítome de la belleza. Estaba destinada a permitir el intercambio de ideas, el crecimiento del amor y la libertad, y un hogar para todas las criaturas del universo. Desgraciadamente, no es así. Ocurrieron hechos sin precedentes que descarrilaron el plan original. Las cosas cambiaron porque no se puede violar el principio del libre albedrío, lo que significa que no puede haber expectativas firmes sobre cómo irán las cosas. Sin embargo, los pleyadianos aseguran a todos que no hay razón para llorar eso porque el cambio está llegando.

En un pasado muy lejano, hace millones de años, una fuerza vendría a interrumpir el objetivo original de la creación de *Terra*. Esta fuerza no era más que otro experimento, que representaba otra forma de existencia. Es posible que tenga la tentación de pensar en ella como una fuerza maligna, pero desde la perspectiva pleyadiana, es solo otra forma de ser y ver las cosas. Esta raza alienígena mantiene una postura neutral con respecto a todos los temas.

La fuerza tuvo un efecto tremendo en la Tierra y creó confusión en todas las jerarquías universales. Se han hecho muchos intentos para corregir su curso desde que esta fuerza llegó a existir. Los pleyadianos han estado trabajando con otros espíritus superiores de la *Primera Causa*.

Ofrecen sus servicios libremente con amor porque tienen una familia atrapada aquí, una familia con la que perdieron el contacto ya que las energías disruptivas interfirieron con el curso previsto de la Tierra.

## La meta pleyadiana

Perder el contacto con la familia preocuparía profundamente a cualquiera, como puede imaginar. Los pleyadianos nunca consideraron que esto pudiera suceder y se han sentido profundamente entristecidos y preocupados por esta pérdida. Estos seres altamente evolucionados y profundamente arraigados en la *Primera Causa* saben que la pérdida es solo temporal y no una sentencia de muerte. Sin embargo, han pasado millones de años desde que esto ocurrió. Tan terrible fue la conmoción que sacudió múltiples universos. Sin embargo, tienen un plan para volver a reunirse con su familia, y parte de ese plan es aumentar la conciencia humana sobre la vida más allá de la Tierra.

Los pleyadianos tienen un objetivo principal: la recuperación. ¿Cómo? La humanidad. Para lograrlo, se han reconectado con personas que están abiertas y dispuestas a trabajar con ellos. De esta manera, pueden ayudar a todos los demás a encontrar el camino de regreso a su verdadero yo, liberarse del sistema opresivo actual y elegir permanecer en *Terra* o regresar a las Pléyades. Cuando todo el mundo sea consciente de la verdad de su existencia y de los orígenes de la Tierra, elevar la energía vibratoria del planeta será fácil y permitirá que *Terra* evolucione hacia lo que estaba destinada a ser.

Con el estado actual de la Tierra, podría ser difícil imaginar que estaba destinada a ser mucho más de lo que es. Eche un buen vistazo a su alrededor. Puede que le resulte incrédulo pensar que los objetivos de *Terra* puedan lograrse alguna vez. Sin embargo, los pleyadianos aseguran a la humanidad que ciertas cosas están sucediendo para corregir su curso. Mucho antes de ahora, estos alienígenas sabían que los humanos finalmente estarían listos para ser contactados. La esperanza era que, cuando llegara el momento, la humanidad estaría abierta a los ajustes energéticos. La energía de la humanidad necesita ser realineada a su verdadero propósito. Nunca fue parte del plan forzar este realineamiento en la gente. Recuerden, el concepto de libre albedrío es uno que los pleyadianos respetan profundamente.

Sin embargo, estos tiempos difíciles han empeorado en las últimas cuatro décadas. El estado de las cosas en la Tierra es aún más preocupante para otros seres en el universo. No ha hecho un gran trabajo al demostrar amor hacia los demás, y además de eso, los humanos no se han visto a sí mismos como una unidad. La humanidad se ha permitido caer presa de la división a nivel individual y colectivo. Dese cuenta de que lo que afecta a uno afecta a todos, y los pleyadianos están trabajando duro para ayudar a los humanos a despertar a esta verdad. Afortunadamente, el número de personas que se dan cuenta de quiénes son sigue creciendo. Se están volviendo conscientes del primer creador, la fuente de quiénes son. Se dan cuenta de que el creador no ve tal cosa como la división o la preferencia.

El hecho de que esté leyendo esto ahora implica que es uno de los que está despertando. Será su trabajo ayudar a otros a despertar a la verdad. Por muy oscuras que parezcan las cosas, la luz sigue brillando cada vez más. Finalmente, la humanidad conocerá esta energía de luz y amor. Si siente mucha confusión en este momento, está bien. Por lo general, aquellos que deben despertar se sienten perdidos en su vida de vigilia, pero hacen un trabajo ligero en sus sueños. Cuando esté completamente despierto, se dará cuenta de que hay un gran poder dentro de usted. Sentirá un fuerte sentido de la orientación.

Despertar significa que necesitará a alguien que le muestre las cuerdas. Piense en ello como ser Neo en *The Matrix*, tener a Morfeo a su lado para mostrarle la verdad. A medida que lee este libro, comienza a quitar las capas de mentiras para revelar la verdad. Cuando la verdad florezca dentro de usted, se sentirá atraído a despertar a los que le rodean. Si esto suena desalentador, no tiene que tener miedo. No experimentará este proceso solo porque tiene guías espirituales, maestros ascendidos, familias estelares y otras fuerzas universales trabajando contigo para lograr el mismo objetivo. Sin embargo, debe estar dispuesto a desempeñar su papel porque su libre voluntad no será violada. También debe entender que respetar a los demás y sus deseos es primordial. No puede obligar a los demás a despertarse antes de que estén listos, así que no se frustre si no obtiene resultados inmediatos.

En el próximo capítulo, aprenderá más sobre las semillas estelares. ¿Cuáles son las características de las semillas estelares pleyadianas? ¿Cuáles son sus rasgos? ¿Qué las impulsa? Para obtener más información sobre esto, continúe con el siguiente capítulo.

# Capítulo 2: Semillas estelares pleyadianas

La mayoría de los elementos de la vida humana provienen de las estrellas[17]

## ¿Quiénes son las semillas estelares?

El dr. Timothy Leary fue el primero en usar la palabra "semilla estelar" cuando se refería al dibujo de los restos de un extraterrestre descubierto en un meteorito que golpeó la Tierra. No estaba hablando de semillas estelares en el mismo contexto que este libro. Una semilla estelar ha vivido en otro lugar y tiempo que no sea aquí en la Tierra. Las semillas estelares saben que hay algo mucho más grande que ellas en lo que están destinadas a desempeñar un papel. Saben que todo y todos están conectados, por lo que no asumen que ellos o cualquier otra persona está en el corazón de la vida. Saben que la vida es mucho más grandiosa de lo que cualquiera podría comprender.

Las semillas estelares son conscientes de que existen en múltiples dimensiones, por lo que no caen en la trampa de asumir que todo lo que hay para ellas es la vida que llevan en este pequeño punto azul. Si es una semilla estelar, sabe que no es su cuerpo, mente o ego. No es las historias que ha llegado a creer sobre usted mismo o lo que hace en el trabajo. Hay capas multidimensionales para usted, y para todos los demás, pero es más consciente de eso que los demás a su alrededor. A veces, las semillas estelares nacen con esta conciencia de la plenitud de su ser. Otras veces, hay que despertarlas.

Pregúntele a una semilla estelar despierta, y le dirá que sabe que su encarnación actual es solo una pieza del rompecabezas, unos segundos del infinito que es la existencia de su alma. Estas personas están en toda la Tierra, en una gran misión para ayudar a todos los demás a despertar a quienes son en realidad. Por lo general, son los solitarios o aquellos que saben en el fondo que nunca encajarán sin importar lo que hagan o lo bien que usen su camuflaje. La semilla estelar es el "bicho raro" de la familia o grupo de amigos. Algunos de estos seres han sido sembrados deliberadamente en tierras y familias que no ven las cosas de la manera en que ellos las ven. Sin excepción, todos tienen sus asignaciones. Si es una semilla estelar, puede que su trabajo sea destruir las viejas formas de hacer las cosas y alterar el *statu quo*. O puede estar aquí para traer lo nuevo, despertar a otros, o preparar el camino para las almas que vendrán.

Sin excepción, las semillas estelares experimentan un evento (a veces traumático) en sus vidas que las lleva a despertar. Este evento ocurre a una edad temprana y les muestra lo diferentes que son de todos los demás. Algunos responden a este despertar haciendo todo lo posible para encajar, para amurallar los pedazos de ellos que creen que la sociedad no aceptaría. Si se ha dado cuenta de que hay algo diferente en usted, enterrar su singularidad no es una gran estrategia. Acepte lo que le hace diferente. Sea valiente acerca de ser quién eres porque esta es la única manera de sentir que está viviendo su verdadero propósito.

# Arraigados en las estrellas

Cada ser humano está hecho de materia estelar. Y no, eso no es solo una declaración para sentirse bien destinado a motivarse a subir la escalera corporativa para convertirse en el próximo Bezos o descubrir su Beyoncé interior. Según la dra. Ashley King, del departamento de Ciencias de la Tierra del Museo de Historia Natural de Londres, la mayoría de los elementos del cuerpo y de la vida provienen de una estrella. Las estrellas tardaron miles de millones de años en crear estos elementos. Esta puede ser la razón por la que la humanidad siempre ha mirado a las estrellas en busca de respuestas y con gran asombro.

La humanidad siempre ha mirado a las estrellas en busca de respuestas [18]

En todo el mundo, algunas leyendas y mitos hablan de cómo surgió la vida y de cómo todo el mundo está conectado con las estrellas. Los egipcios de la antigüedad descubrieron que la inundación del Nilo ocurría simultáneamente con el ascenso de Sirio cada año (Sirio es la estrella más brillante del cielo). Mire a través de los antiguos textos egipcios y encontrará que los dioses eran de las estrellas. Isis descendía de Sirio, Osiris de Orión, y así sucesivamente. Estudie la alineación de las pirámides de Giza y observe cómo se alinean con Mintaka, Alnitak y Alnilam, las tres estrellas en el cinturón de Orión.

¿Y Mesopotamia? Si nos fijamos en las pirámides del Sol, la Luna y Quetzalcóatl en Teotihuacán, descubriremos que también están perfectamente alineadas con el Cinturón de Orión. Las leyendas afirman que los dioses bajaron a *Terra* en este lugar. Pensemos en el henge neolítico de Avebury del Wiltshire del Reino Unido. Busque el círculo de piedra y verá cómo se alinea con la Vía Láctea y cómo Stonehenge está configurado para que los primeros rayos del sol puedan golpearlo durante los solsticios.

Si todavía no está convencido de que el hombre antiguo debe haber sabido algo sobre la conexión de la humanidad con las estrellas, piense en el hecho de que en todo el mundo hay muchos lugares de culto establecidos para mostrar alguna conexión con las estrellas. Durante los últimos 40.000 años, los pueblos indígenas australianos han tenido sus historias de ensueño sobre las estrellas, nombrando cada una de ellas y adaptándolas a su vida cotidiana. Incluso usarían la constelación celeste de emúes para deducir el mejor momento para buscar huevos de emú. Los mayas tenían templos de piedra en la península de Yucatán que les permitían observar el cielo nocturno, y nadie tenía un calendario astronómico más preciso que ellos.

Diríjase a África Occidental y mire al Dogon. Descubrirá que celebran el *Sigui* cuando Sirio choca con un punto de referencia en el cielo nocturno. La gente de la tribu también le dirá que hace miles de años, algunos seres vinieron a visitarlos desde Sirio. Los celtas también tienen historias de cómo las hadas bajaron a la Tierra desde las estrellas. Los anasazi de los nativos americanos tenían asentamientos en tres colinas alineadas con Orión en el cielo. Los pawnee, cherokee, seneca y onondaga también tienen historias sobre la *mujer estrella.*

A través de todas estas culturas, algunas de ellas a grandes distancias entre sí, un hilo estelar conecta a la humanidad. Algunas personas recuerdan mejor que otras que no comenzaron la aventura de la vida en la Tierra. Estas personas saben que vienen de otros tiempos y mundos. Algunas son semillas estelares pleyadianas. También hay otras semillas estelares. Echemos un vistazo rápido a algunas de ellas:

**Los sirios** provienen de los planetas alrededor de Sirio A (el más brillante) y Sirio B. Los seres de Sirio A son en realidad de Vega, que está en la constelación de Lyra. Sirio B es el hogar de los merpeople y los miengu, entre otros.

**Los arcturianos** son de Arcturus. Estos seres avanzados son de quinta dimensión, como los pleyadianos. Son excelentes curanderos y chamanes, y su reino se siente angelical.

*Los andromedanos* son telepáticos y habitan en la galaxia de Andrómeda, también llamada M31. Su objetivo es ayudar a las razas esclavizadas por los reptilianos. La ciencia es su fuerte, y están tan en contacto con sus emociones como con los hechos puros y duros.

*Las personas Índigo, Cristal y Arco Iris* tienen poderes sobrenaturales como la clarividencia, la telepatía, la clariaudiencia, el cambio de realidad, etc. Las semillas estelares Índigo tienen serios problemas para presenciar la injusticia y dejar que gane. Las semillas estelares de Cristal se sienten igual, pero son más amables que las semillas estelares Índigo y Arco Iris. Por último, los seres del Arco Iris suelen tener autismo de alguna forma. Las tres semillas estelares no están profundamente conectadas con el mundo físico tal como es, sino que están en contacto con sus lados espirituales.

*Los trabajadores de la luz* vienen de varios universos. Decidieron reencarnarse aquí para ayudar a la humanidad con la siguiente fase de la evolución. Están aquí para mostrar amor, luz y bondad a todos y cada uno.

*Los seres de Orión* provienen de la constelación homónima, y son los curiosos y detallistas. Son muy mentales, aman la ciencia y la investigación, y quieren ayudar a la Tierra usando sus descubrimientos. No son tan buenos cuando se trata de asuntos del corazón. Algunos están aquí para el bien, mientras que otros buscan controlar la Tierra, no liberarla.

*Los lemurianos y los atlantes* son de Lemuria y Atlántida, civilizaciones antiguas y avanzadas. Su tecnología espiritual desconcertaría a las mejores y más brillantes mentes científicas de hoy. Desafortunadamente, estas civilizaciones eventualmente serían destruidas por su complacencia y codicia. Algunas almas de estas tierras han regresado a la Tierra para ayudar a evitar ese mismo destino.

*Los reptilianos* también son conocidos como draconianos, saurios o gente lagarto. Con sus habilidades para cambiar de forma, quieren controlar y esclavizar el espíritu humano. Según David Icke, continúan haciéndolo abriéndose camino en la política y en posiciones de poder en diversas industrias para manipular a la sociedad y dirigir el desarrollo de la cultura humana.

Tenga en cuenta que el hecho de que no sea una semilla estelar pleyadiana no significa que no tenga un papel que desempeñar en la evolución de la humanidad. Todo el mundo debe desempeñar un papel. Incluso los reptilianos, sean o no conscientes, servirán al objetivo de la

*Primera Causa* de una forma u otra. Después de todo, ¿cómo sabría lo que es bueno si el mal no existiera?

## Características pleyadianas

Si es una semilla estelar pleyadiana, tiene ADN pleyadiano que se activará al despertar, y esto le dará las claves del conocimiento secreto y antiguo, y las habilidades que puede usar para ayudar a otras semillas estelares como usted. Es probable que esté en contacto con su intuición. Le encanta aprender y no tiene problemas para adquirir habilidades como si siempre las hubiera tenido. Está lleno de amor y alegría, es más sensible que la mayoría, y su creatividad está fuera de serie. No es de extrañar, ya que viene del sistema estelar conocido por enseñar a todas las demás almas. Ahora, eche un vistazo más de cerca a las características de los pleyadianos.

*Su energía es maternal.* No importa si es hombre o mujer. Tiene una presencia relajante que es difícil de ignorar. Le molesta cuando a alguien no le va bien, y su primer instinto es tomar a la persona bajo su ala y cuidarla. Así es con las personas y la naturaleza en general.

*Tiene un encanto inconfundible.* Su carisma se manifiesta sin esfuerzo, y eso se debe a que está en paz con sus emociones y en sintonía con cómo se sienten los demás. No tiene problemas para conectarse con los demás. ¿Significa esto que siempre es el centro de atención dondequiera que vaya? No necesariamente. Sin embargo, su empatía atraerá naturalmente a la gente hacia ti.

*Tienes empatía.* Un montón de ella. Ya sea que haya pasado por una experiencia o no, puede sentirla en su cuerpo y alma. Por eso la gente le dice toda la verdad, y nada más. Sin embargo, es posible que se sienta constantemente agotado después de las interacciones. Tiene que saber identificar los sentimientos de otras personas sin apropiarse de ellos. Establezca límites claros y sea amable. De esta manera, puede recargarse y seguir sirviendo a los demás.

*Es sensible.* Su sensibilidad es un arma de doble filo. Es genial porque puede usarla para ayudar a los demás a sentirse comprendidos, pero no es tan bueno cuando toma las acciones y palabras de otras personas como algo personal o las ve de manera más negativa de lo que son. Hable de las cosas antes de reaccionar precipitadamente.

*Es abierto y generoso.* Esto le trae muchos amigos, o personas que quieren pensar que son sus amigos. Ayuda sin reservas ni expectativas. Lo triste de esto es que el mundo tiene personas que pueden reconocer este rasgo en usted y buscan drenarle de todo lo que puedan. Así que tiene que aprender discernimiento. No se apresure a ofrecer ayuda a aquellos que no se han tomado el tiempo de conocer; y también, si tiene la corazonada de que alguien solo le está usando, confíe en ello. Tienda a ser una persona confiada. Los personajes sombríos lo saben. Para salvarse a usted mismo, debe confiar en usted tanto como esté dispuesto a confiar en los demás. Si su instinto le dice que huya de alguien, corra.

*No puede evitar ser honesto.* Y esto es algo que muchos no pueden soportar. Se da cuenta de que estaba equivocado en algo y lo dice de inmediato. No le importa que la gente sepa que no sabe hacer algo. También dice a la gente las cosas como son, sin endulzarlas. Aquellos que escuchen se darán cuenta de que no está siendo malo. De hecho, su impulso para decir siempre la verdad proviene de un lugar de amor porque sabe que no puede dar la cara por los demás si no es honesto con ellos y consigo mismo. Pero no todo el mundo lo ve así.

*Tiene tendencias a complacer a la gente.* "Tendencias" puede ser decirlo a la ligera. Como semilla estelar pleyadiana, quiere que todos se lleven bien, y no es fanático del conflicto y la confrontación. Esto le hace susceptible a los hábitos que agradan a las personas. Prende fuego para mantener calientes a los demás, pero eso no es bueno porque le quemará. Ese agotamiento se verá como resentimiento y un deseo de permanecer aislado detrás de un muro de hielo. Tenga en cuenta que aún puede vivir en armonía con las personas y al mismo tiempo ser justo consigo mismo. Establezca límites y dese cuenta de que usted también merece el amor y el cuidado que les da a los demás.

*Se vuelve competitivo y busca la perfección.* Estos rasgos tienen sus pros y sus contras. Se encuentra esforzándose por ser el mejor en todo lo que hace, y esto le mantiene presionando para encontrar mejores formas de lograr las cosas. Pero, si no tiene cuidado, terminará atrapado en un vórtice de comparación e insatisfacción. Está bien tener altos estándares. Pero entienda que la perfección es un viaje sin fin. Como nunca termina, está bien hacer una pausa de vez en cuando. Deténgase y huela las rosas.

*Comienza con un torrente y disminuye hasta una llovizna.* Quiere tener éxito, pero a veces mantener el impulso es realmente difícil. No importa en qué esté trabajando, es posible que se distraiga con la próxima cosa brillante o se detenga porque no puede encontrar la motivación para seguir adelante. También tira la toalla cuando se siente abrumado. La solución es tomar descansos y tratar de hacer solo una cosa a la vez.

*Es una persona espiritual.* Puede que no se suscriba a ninguna religión, pero sabe que hay algo poderoso en acción en toda la vida. Sabe que hay más en la vida de lo que puede detectar con sus sentidos físicos. Esto es genial porque puede apoyarse en este poder cuando los tiempos son oscuros, sabiendo que siempre estará ahí para usted. También desea desarrollo espiritual, por lo que lo más probable es que tenga algo de práctica que le ayude a diario, ya sea la oración, la meditación o una caminata nocturna por el parque.

*Decida con el corazón.* Su cabeza puede acompañarle en el viaje, pero al final, su corazón es juez, jurado y verdugo. A veces esto funciona a su favor. Sin embargo, debe tener cuidado de no tomar las grandes decisiones demasiado rápido, ya que puede encontrarse en situaciones con las que preferiría no tener que lidiar.

*Viva su vida con un propósito.* Vivir de otra manera sería desorientador para usted. Rápidamente sentiría que la vida no tiene sentido. Es posible que ni siquiera sepa el propósito de tu vida. Pero la conciencia de que pronto lo descubrirá se mantiene en marcha a pesar de tener dudas.

*Se niega a presenciar la crueldad y no hacer nada al respecto.* Esto es maravilloso, pero su impulso tiene un triste origen. Es posible que haya experimentado algo traumático cuando era más joven que te hizo más compasivo. Esto significa que incluso ante el ostracismo o la pérdida de la vida, hablará por los oprimidos y hará lo que pueda para detener el maltrato. Su brújula moral es irrompible.

*Es posible que esté ansioso, deprimido o que no esté orgulloso de usted mismo.* No está solo. Esto le sucede a la mayoría de los pleyadianos, especialmente antes de que se despierten o si no están actuando en alineación con su alma. Si se siente así, debe buscar ayuda profesional, ya que es la única manera de estar equipado para la tarea que tiene por delante.

# Quiz: ¿Es una semilla estelar pleyadiana?

Elija la opción que se sienta como una coincidencia.

1. ¿Es sensible a las emociones de otras personas, absorbiéndolas como una esponja?
    a. Sí, ¡y es abrumador!
    b. A veces. Pero puedo diferenciar mis sentimientos de los demás y manejarlos.
    c. No, no estoy en contacto ni me afecta cómo se sienten los demás.

2. ¿Siente que tiene una tarea que cumplir en la Tierra relacionada con la sanación?
    a. ¡Absolutamente! Creo que estoy aquí con un propósito poderoso: ayudar a otros a sanar.
    b. Me gustaría ayudar. Pero no diría que se siente como una misión.
    c. No, no me siento llamado a hacer algo especial como eso.

3. ¿A veces mira las estrellas y siente el anhelo de "volver a casa"?
    a. Sí, siento un fuerte tirón en mi corazón para volver a algo que no puedo recordar.
    b. A veces, pero no a menudo.
    c. No, la Tierra se siente como en casa.

4. ¿Toma más decisiones basadas en el corazón que en la cabeza?
    a. Sí. Confío en mi intuición y siempre la sigo sin cuestionarla.
    b. A veces. Pero trato de equilibrar mis instintos con la lógica.
    c. No, me apoyo solo en la lógica y en los hechos para tomar decisiones.

5. ¿Se consideraría un sanador?
    a. Sí, tengo habilidades naturales de curación y quiero ayudar a los demás.
    b. Estoy interesado en la curación, pero realmente no me he sumergido en ella.
    c. No, no me considero un sanador.

6. ¿Siente una poderosa necesidad de poner a los demás antes que a usted mismo?

    a. Sí, siempre me ocupo de las necesidades de los demás antes que de las mías.

    b. A veces. Pero también hago todo lo posible para cuidarme.

    c. No, primero me cuido a mí mismo y luego puedo cuidar a los demás.

7. ¿Ha tenido una experiencia infantil terrible y traumática que desencadenó su despertar?

    a. Sí, experimenté algún trauma que me ayudó a crecer espiritualmente.

    b. He tenido algunos desafíos, pero no los llamaría traumáticos.

    c. No, tuve una infancia estable y sin incidentes.

8. ¿Desea fervientemente la paz, la justicia y el amor en el mundo?

    a. ¡Claro! Me duele el corazón ver lo que la humanidad se hace a sí misma.

    b. Me encantaría un mundo mejor, pero no dejo que la realidad me consuma.

    c. Realmente no me preocupan los asuntos globales.

9. ¿Tiene una conexión profunda con la naturaleza?

    a. ¡Sí! Siento mucho amor por ella. Cuando paso tiempo en espacios naturales, me siento completo.

    b. Aprecio el mundo natural. Pero no lo siento profundamente.

    c. No, eso no me importa mucho.

10. ¿Diría que es simpático, encantador y visto como muy intuitivo?

    a. Sí, la gente piensa que soy carismática y que tengo una fuerte intuición.

    b. Gente como yo. Pero no creo que nadie me llame intuitivo.

    c. No, no tengo carisma ni intuición.

# Resultados

**Principalmente As:** ¡Es una semilla estelar pleyadiana! Tiene valores que se alinean con su forma de vida.

**Mayormente Bs:** Tiene algunos rasgos pleyadianos, pero la conexión no es fuerte. Usted puede ser una mezcla de energías pleyadianas y otras semillas estelares (sí, esto es posible). Necesitará más investigación para averiguar cuál es su posición.

**Sobre todo Cs:** Es probable que no sea una semilla estelar pleyadiana. Sin embargo, puede que sea una semilla estelar diferente, o incluso un contactado.

Ahora que sabe quién es, ¿qué significa ver la vida a través de los ojos de un pleyadiano? ¿Cómo puede saber cuáles son sus mensajes? ¿Qué temas exploran los pleyadianos y por qué es importante la sabiduría que comparten con todos y cada uno? Tendrá respuestas a estas preguntas candentes en el próximo capítulo.

# Capítulo 3: Sabiduría pleyadiana

Los pleyadianos han continuado compartiendo mucha sabiduría acerca de cómo puede experimentar el crecimiento espiritual y desarrollarse como ser humano. Sumergirse en sus enseñanzas es la elección correcta porque significa que puede desempeñar su papel en la evolución del colectivo.

Los seres pleyadianos son particulares en cuanto a la enseñanza de la transformación interior, la unidad y el amor a través de la canalización. El canal es un ser humano que normalmente se sentará en silencio y permitirá que su vibración llegue a una frecuencia que coincida con la de la entidad a canalizar. Barbara Marciniak fue la primera en canalizar información de los pleyadianos y ha escrito varios libros, incluyendo *Bringers of the Dawn: Teachings from the Pleyadians,* publicado por primera vez en 1992. Su libro está repleto de información de los pleyadianos sobre su propósito y los conocimientos que han obtenido hasta ahora sobre la humanidad. Bárbara no es la única que canaliza a los pleyadianos. De hecho, si tiene intenciones puras y está dispuesto, usted también puede servir como canal.

# Las enseñanzas pleyadianas

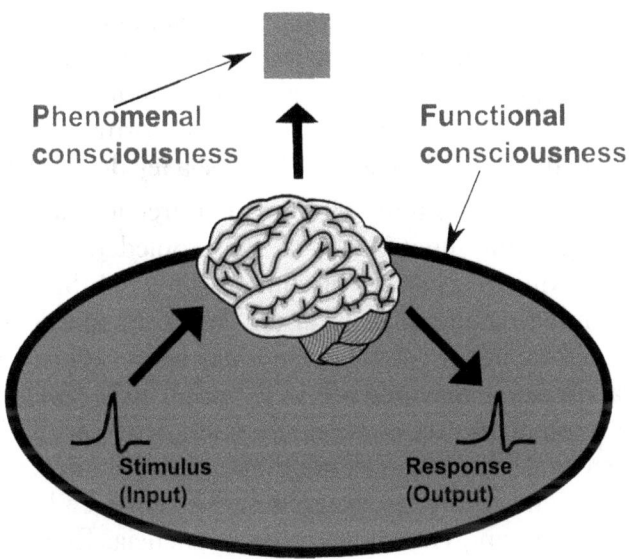

La ley de la conciencia es una de las enseñanzas pleyadianas más prominentes [19]

Los pleyadianos creen que debe conocer las leyes universales y hacer todo lo posible para usarlas. Las leyes son llamadas colectivamente las 12 leyes divinas de los pleyadianos. Una vez que domine las leyes del universo, se habrá dominado a sí mismo y al mundo. Las leyes que defienden los pleyadianos se alinean con la física cuántica, excepto que saben mucho más de lo que los científicos terrestres han descubierto hasta ahora.

Piense en el universo como una computadora. Cada parte de ella hace lo mismo que las partes de una computadora, pero a una escala mayor. Esta computadora, al igual que la inteligencia artificial, es sensible. Cuenta con toda la información necesaria para garantizar el buen funcionamiento de la vida. Las leyes universales son como el código que mantiene la computadora funcionando como debería. Si no conoce o sigue las leyes, no obtendrá los resultados en los esfuerzos de tu vida. Sin más preámbulos, aquí están las 12 leyes divinas de las Pléyades.

**Ley 1:** La conciencia es la fuente de todas las cosas y la causa de todas las cosas. Esta es la primera causa de la que surgen todas las demás cosas. En el centro de todo está la conciencia, y no hay nada más. Esta conciencia también se conoce como energía y no puede ser creada ni destruida. Lo único que puedes hacer con esta energía es transmutarla de una forma a otra. Los pensamientos no son más que el movimiento de la conciencia. **Esta es la ley de la conciencia.**

**Ley 2:** Todo lo que le rodea, visible e invisible, está conectado a través de la misma energía. El dicho hermético "como es arriba, es abajo; como es adentro, es afuera" refleja esta verdad. Considere todo en la vida como su propio campo de energía que fluye de una forma a otra, pero que nunca está separado de todo lo demás. **Esta es la ley de la relatividad.**

**Ley 3:** Todo en el mundo vibra a una frecuencia específica. La frecuencia a la que vibra una cosa le da sus propiedades únicas. Cuando todo parece estar quieto, está en constante movimiento. Sus pensamientos son la causa vibratoria primaria de todas las cosas que le rodean. Sus emociones tienen una gran energía, y de todas las cosas que puede sentir, el amor es la vibración más potente y de acción más rápida. En el otro extremo de ese espectro está el miedo, la energía más lenta. Su universo tiene 12 capas vibratorias únicas. Cada dimensión vibra más rápido que la anterior y tiene menos densidad energética. No piense en las dimensiones como lugares reales, sino como rangos de frecuencia. **Esta es la ley de la vibración.**

**Ley 4:** Como todo está en perpetuo movimiento, un ritmo constante dirige este movimiento. Este ritmo continúa eternamente, haciendo que los patrones se repitan como estaciones, etapas de desarrollo, ciclos, etc. Piense en todo lo que existe como un péndulo. Si se balancea hacia la izquierda, debe girar hacia la derecha, y viceversa. El factor determinante de este ritmo es la conciencia. **Esta es la ley del ritmo y los ciclos.**

**Ley 5:** Un ser soberano todopoderoso supervisa todo lo que existe, y no hay nadie por encima de él. Este ser es omnipresente y omnisciente. Es la consciencia misma, y puesto que es esencialmente consciencia expresándose como un ser humano, esto implica que no hay nadie por encima de usted. Es un ser soberano y autodeterminista sin ningún líder que le gobierne. No hay un anciano de barba gris en el cielo, que vigile todo lo que hace, preparándole para darle una severa charla sobre sus elecciones. Puede llevar su vida de manera responsable, honrando todas las demás vidas que le rodean. Cuando entiende su soberanía, siempre actúa desde un lugar de amor y cuidado por los demás. Para reconocer que es un ser soberano, conózcase a usted mismo. Si no lo hace, se encontrará constantemente bajo la influencia de otras fuerzas fuera de usted. Incluso entonces, dese cuenta de que usted es el que está en el poder. Es tan poderoso que se ha dado a sí mismo y a esas fuerzas la ilusión de que ellas, no usted, tienen el control. **Esta es la ley de la soberanía.**

**Ley 6:** Su pensamiento es la primera creación. El sonido es la segunda creación responsable de crear el plano divino sobre el que se construye su vida. La luz es la creación final que da forma y estructura a todas las cosas creadas. Nada existe que no haya sido ya creado energéticamente. Si puede pensarlo, es real. De todas las cosas creadas, la naturaleza reina suprema. El objetivo de la creación es permitir que la conciencia llegue a conocerse a sí misma de todas las formas posibles. La conciencia está haciendo esto cada vez a través de usted y de todos los demás. **Esta es la ley de la creación.**

**Ley 7:** Todas las cosas creadas existen en la dualidad. La polaridad está a la orden del día. En otras palabras, todo debe tener su forma opuesta. Pero si lo examina más de cerca, se dará cuenta de que estos opuestos son la misma cosa, pero con diferencias en el grado de expresión. Las fuentes de energía del universo están arraigadas en el principio de polaridad. La única manera de experimentar lo que está arriba es experimentando lo que está abajo. **Esta es la ley de la polaridad.**

**Ley 8:** Solo hay un tiempo, y ese tiempo es ahora. Solo hay un lugar, y ese lugar está aquí. Ya está aquí. ¡No está en ninguna parte! Y, sin embargo, está en todas partes, todo a la vez y simultáneamente. Todo en el universo existe en el mismo espacio y tiempo, pero debido a sus diferentes tasas de vibración, es posible que no pueda percibirlos. **Esta es la ley del espacio-tiempo.**

**Ley 9:** Todas las energías que vibran en la misma frecuencia son atraídas unas hacia otras. Hay un dicho en el planeta que dice que los opuestos se atraen, pero este no es el caso. En este universo, lo semejante atrae a lo semejante. Cuando tienes dos cosas que vibran a diferentes frecuencias, son naturalmente opuestas entre sí y se repelerán entre sí. **Esta es la ley de la atracción.**

**Ley 10:** Este es un universo en el que se honra el libre albedrío. Tiene derecho a hacer lo que quiera en cualquier momento. Aunque, en su mayor parte, los humanos tienden a olvidar esto y actúan como árboles enraizados en una posición particular para siempre. Puede hacer lo que quiera siempre y cuando sea desde un lugar de amor. Si sus acciones no están arraigadas en el amor, eso equivaldría a imponer su voluntad sobre los demás, y eso no va a funcionar muy bien para usted porque este es un universo de libre albedrío. **Esta es la ley del libre albedrío.**

**Ley 11:** Todas las acciones tienen una reacción igual y opuesta independientemente de lo que sean. La causa y el efecto son reales e ineludibles. ¡Esto es karma! Lo que sea que reparte le será repartido en la misma medida. Esta ley es una reminiscencia de la ley de la atracción, donde lo semejante atrae a lo semejante. Nunca asuma que existe tal cosa como la coincidencia y la aleatoriedad en tu universo. La suerte no es una cosa. Todas las causas tienen efectos, y todos los efectos tienen causas. Todo lo que ocurre es causado por la conciencia. Cuando entienda esto, habrá dominado la creación de la realidad. **Esta es la ley de causa y efecto.**

**Ley 12:** La conciencia toma energía y la convierte en materia. El proceso de manifestación es el resultado de trabajar con estas 12 leyes. El mundo está configurado para que cuando siga estas leyes, obtenga los resultados que busca en su vida. **Esta es la ley de la manifestación.**

# Por qué la sabiduría pleyadiana es necesaria para las semillas estelares pleyadianas y la sociedad

La sabiduría pleyadiana es vital para las semillas estelares pleyadianas y la sociedad, porque trabajar con esta sabiduría puede permitir que el colectivo se transforme y alcance su máximo potencial. Incluso a nivel individual, seguir estas leyes y enseñanzas le ayudará a hacer que su vida sea como siempre ha querido que sea. Así es como las enseñanzas pleyadianas le benefician a usted y a la sociedad en su conjunto si se siguen:

La sabiduría pleyadiana es esencial para acercar a la comunidad[20]

1. *Experimentará un despertar y una expansión de su conciencia.* A medida que estudie lo que los pleyadianos tienen para compartir con usted, encontrará necesario que su alma despierte para experimentar niveles más altos de conciencia. ¿Se da cuenta de que podría ser mucho más consciente de lo que es ahora? Puede

acceder a su ser más auténtico y llegar a su ser superior para expresar plenamente su potencial espiritual. Cuando sepa quién es, el mundo en el que vive y la conexión que todo tiene entre sí, experimentará la verdadera paz y poder.

2. *Las enseñanzas pleyadianas son poderosas para la transformación personal.* Los pleyadianos se preocupan por la aceleración de la evolución de la colectividad humana. Sin embargo, también están preocupados por la expresión personal de sus grandes ideales. Estudiar la sabiduría pleyadiana le llevará por el camino de elegir ser responsable de sus elecciones y de su vida en su conjunto. Esto sucede porque las enseñanzas le despiertan al poder dentro de usted. Cuanto más se sumerja en ellas, más descubrirá las creencias limitantes que le han alejado de la grandeza. Ya no será capaz de tropezar por la vida inconsciente y ciego a los patrones que le han mantenido cautivo. Esto significa que su nueva conciencia hará que sea fácil liberarse y ascender a mayores alturas de lo que creía posible. Aprenda a sanar y amarse a usted mismo y a recurrir al poder interior. Cuanto más lo haga, mejor será para el colectivo.

3. *Las enseñanzas pleyadianas descubren el secreto del amor incondicional.* El amor, tal como lo expresa generalmente la humanidad, parece estar encadenado a una u otra condición. La sabiduría pleyadiana consiste en enseñarle a vivir desde su corazón y encarnar el amor sin grilletes. Aprenda a ser más compasivo, a expresar su amor y a ser comprensivo con todos los que le rodean. Esto es algo bueno porque significa que será un recipiente para la paz y la armonía en el planeta para crear una sociedad más compasiva. Cuando la humanidad abrace el amor verdadero e incondicional, demostrará un poder fenomenal que puede permitir que la humanidad se convierta en lo que estaba destinada a ser.

4. *La sabiduría pleyadiana puede ayudarle a ponerse en contacto con los ciclos y las energías de la naturaleza.* Aprenderá que la naturaleza tiene ciclos. Descubrirá que es parte de la naturaleza y que no puede escapar de esos ciclos. Cuando elige seguir la corriente en lugar de luchar contra su ser natural, experimenta una vida más plena. Siguiendo la sabiduría pleyadiana, aprenderá a vivir alineado con las energías naturales como las de las alineaciones planetarias o las fases lunares para experimentar el

desarrollo espiritual y el bienestar. Además, se encontrará profundamente conectado con la Tierra y el universo. Esto implica que le resultará fácil trabajar con las leyes universales y obtener acceso a frecuencias más altas.

5. *Las enseñanzas pleyadianas son esenciales para el despertar de la colectividad y para la transformación del planeta.* Como semilla estelar pleyadiana, es su responsabilidad encarnar su auténtico yo. Tiene tantos dones únicos que ofrecer al mundo. Al educarse en los caminos de los pleyadianos, puede comenzar a vivir de una manera que demuestre su conciencia de la interconexión de todo. Descubrirá que cuando las personas se unen con las mismas intenciones y acciones alineadas, ocurre la magia. Aprender más sobre lo que comparten los pleyadianos le ayuda como semilla estelar a despertar a otros.

# Cómo recibir mensajes de los pleyadianos

Antes de intentar contactar a los pleyadianos, tiene que entender ciertas cosas. En primer lugar, es posible llegar a ellos externa *e* internamente. El contacto externo implicaría conocer físicamente a los extraterrestres. Esto no es común, pero tiende a suceder en lugares remotos que no tienen mucho tráfico humano. Afortunadamente, la otra forma más accesible de contactar a los pleyadianos es interna, a través del espíritu o la energía. Lo siguiente que debe hacer es cambiar su mentalidad sobre cómo funcionan estas cosas. Hay siete aspectos que debe tener en cuenta:

1. Recuerde siempre que está llegando a la energía pleyadiana, no a una persona. Piense en los pleyadianos como un campo de luz en la quinta dimensión. Pueden mostrarse ante usted como un humano con un aura angelical o como luz. Sin embargo, no tienen que encarnar formas específicas. Trate de aflojar sus expectativas sobre cómo debería desarrollarse su conexión.

2. Piense en los pleyadianos como su familia y no como extraterrestres. Después de todo, como semilla estelar pleyadiana, usted es uno de ellos. Con este pensamiento, deje de asumir que son extraños para usted y elimine los sentimientos de miedo u hostilidad.

3. Piense en el proceso de conectarse con los pleyadianos como regresar a casa. Es una vibra inconfundible que reconocerá una vez que la sienta.

4. No se acerque a ellos con la idea de adorarlos. Recuerde, usted es un ser soberano. El hecho de que entiendan cosas que están más allá de su conocimiento no implica que deba adorarlos como dioses. En cambio, ámelos.
5. Conéctese con su corazón, no con su cabeza. La energía pleyadiana es la que resuena con el alma. No espere que se conecten con usted a nivel mental. La única función de su cerebro durante la canalización es facilitar la conexión con ellos a nivel del corazón e interpretar su mensaje.
6. No tiene que dejar su cuerpo antes de conectarse con los pleyadianos. De hecho, preferirían que permaneciera conectado a tierra en lugar de proyectarle astralmente.
7. Finalmente, recuerde que es un pleyadiano. Es posible que haya elegido una forma y una vida diferentes, pero eso no le hace menos pleyadiano que con los que desea conectarse.

Ahora que eso está fuera del camino, la pregunta que hay que responder es cómo conectar con ellos de forma práctica.

- Utilice prácticas de meditación y atención plena. Su mente debe permanecer en silencio mientras se conecta con las conciencias superiores. Para que esto suceda, debe practicar la meditación todos los días. Mientras se sienta en silencio con los ojos cerrados y la atención en su respiración, establezca la intención de conectarse con los pleyadianos. Usando sus sentimientos o su corazón, hágales saber que son bienvenidos a aparecer. Además, mantenga la mente abierta a lo que pueda surgir, ya sean imágenes, ideas, mensajes, etc.

- También puede conectarse con los pleyadianos usando una guía intuitiva. Su intuición es el lenguaje del alma, y los pleyadianos se comunicarán con usted a nivel del alma. Para entenderlos mejor, revise con su instinto todos sus asuntos. Haga que trabajar con su intuición sea parte de su estilo de vida. Esto le ayudará a mejorar en la detección de los mensajes que tiene para usted.

- Pruebe la escritura y la canalización automáticas. Cuando medita hasta el punto de quietud en su mente, puede sacar un bloc de notas y un bolígrafo y escribir lo que se le ocurra. Tenga en cuenta que este proceso no es forzado. Debe sentirse fluido. Alternativamente, puedes canalizar permitiendo que las palabras que le parezcan correctas salgan de su boca sin obstáculos. Lo ideal es trabajar con una grabadora para no olvidar lo que se compartió.

- Practique escribir sus sueños en un diario. A veces, si no puede obtener mensajes claros de los pleyadianos, ellos pueden llegar a usted a través del lenguaje de los sueños. También puede tener la intención deliberada de encontrarse con ellos en sus sueños. Por lo general, aceptarán las invitaciones. Cuando se vaya a la cama, asegúrese de que el diario de sus sueños y el bolígrafo estén a tu lado, para que pueda anotar todo lo que sucedió antes de que se le olvide. Preste atención a los símbolos, mensajes o temas que le llamen la atención. Está bien no entender de qué se trata el sueño al principio. Pero confíe en que el significado se revelará con el tiempo.

- Procure notar las sincronicidades en tu vida. Recuerde, no existe tal cosa como la coincidencia. Si nota que sigue escuchando una palabra o viendo números en ciertos momentos, podrían ser los pleyadianos tratando de llegar a usted. La sincronicidad también puede desarrollarse como eventos, como encontrarse con un animal o color específico una y otra vez. Trate de mantener una actitud de curiosidad y fascinación cada vez que note que esto sucede, y sucederá cada vez más. A su debido tiempo, puede interpretar lo que significan esos eventos sincrónicos.

- Por último, haga una práctica diaria de rituales sagrados y tenga un espacio sagrado que utilice en su casa. Cuando tiene un espacio sagrado donde se retira a realizar sus rituales, algo en ello anima a que la presencia de los pleyadianos sea aún más pronunciada en su vida. Considere quemar incienso, encender velas, trabajar con cristales o cartas del tarot, o lo que sea que resuene con usted. Antes de comenzar sus rituales, establezca la intención de hacer saber a los pleyadianos que son bienvenidos. Aquí hay un consejo adicional: intente trabajar con fases lunares, alineaciones planetarias y otros eventos celestes, ya que esto puede ayudarle a establecer una conexión más fuerte con estos seres.

# Críticas y polémicas

Naturalmente, las enseñanzas pleyadianas tienen algunas críticas y controversias a su alrededor. El público no está dispuesto a considerar la posibilidad de que existan otras formas de vida además de los humanos. Estos son algunos de los puntos más comunes que atacan las enseñanzas pleyadianas.

1. No hay pruebas científicas de que existan los pleyadianos. Las muchas afirmaciones de los contactados y canalizadores de las Pléyades, a menudo son cuestionadas y desacreditadas, porque no hay evidencia científica. Un contraargumento a esa crítica es que debe darse cuenta de que las experiencias espirituales y la conexión con entidades extraterrestres tienden a ser experiencias subjetivas. Esta subjetividad hace imposible que la ciencia, tal y como la conocemos hoy en día, investigue estos fenómenos. Es injusto invalidar la experiencia personal porque no se puede sopesar con las mediciones científicas. Además, la ciencia todavía está tratando de ponerse al día con respecto a asuntos que las personas espirituales han conocido durante miles de años.

2. Algunos argumentan que la idea de los pleyadianos y lo que enseñan es toda apropiación cultural, una distorsión de varias creencias indígenas de diferentes culturas. Si bien esta es una crítica comprensible, un argumento en contra es que las enseñanzas pleyadianas no buscan explotar las diferentes culturas, sino ofrecer orientación para permitir que las personas crezcan y transformen sus vidas. Todas las religiones tienen un pedazo de verdad. Las enseñanzas pleyadianas son simplemente juntar todas las piezas.

3. Algunos ridiculizan la idea de los pleyadianos por no tener consistencia en su mensaje y mucha contradicción. Esto tiende a suceder porque varias personas canalizan la energía pleyadiana. Inevitablemente, las interpretaciones de los canalizadores distorsionarán el mensaje de alguna manera, ya que tienen su comprensión única de la vida, lo que significa que habrá algunas discrepancias. Sin embargo, es innegable que los pleyadianos siempre tienen que ver con la curación, el amor y el despertar espiritual, sin importar a quién llegue el mensaje.

4. Una crítica final es que los escépticos piensan que la sabiduría pleyadiana es simplemente la comercialización de las ideas de la Nueva Era para extraer ganancias financieras de aquellos lo suficientemente crédulos como para creer que los extraterrestres son reales. Es difícil argumentar en contra del hecho de que hay individuos sin escrúpulos en la comunidad espiritual que se aprovechan de los demás. Sin embargo, estas personas no niegan la presencia de maestros genuinos y canales de los seres pleyadianos. Algunos canalizadores tienen integridad y no quieren nada más que ayudar a la humanidad a transformarse en su mejor y más grandiosa versión de sí misma. Es una cuestión de discernimiento y de prestar atención al mensaje más que a las partes que se pueden vender con fines de lucro.

Al ser extraterrestres, los pleyadianos tienen un profundo conocimiento de las estrellas y el cosmos. ¿Le gustaría conocer su punto de vista sobre la astrología y cómo puede ayudarle a crecer y manifestar la vida de sus sueños? Diríjase al siguiente capítulo sobre la astrología pleyadiana.

# Capítulo 4: Astrología pleyadiana

## Poseedores de conocimiento cósmico y estelar avanzado

Los pleyadianos tienen un conocimiento avanzado de las estrellas y del cosmos [21]

Los pleyadianos son seres altamente evolucionados. Poseen una profunda conexión con los reinos superiores y un conocimiento avanzado de las estrellas y el cosmos. Entienden la frecuencia, la energía y cómo los planetas interactúan entre sí en su sistema estelar de origen. Los pleyadianos son multidimensionales, lo que significa que existen en múltiples dimensiones simultáneamente, que van desde la 3D hasta la 9D.

Dado que su existencia es tan rica y estratificada, implica que tienen acceso a un conocimiento que aún no está disponible para la humanidad. Una forma de acceder a este conocimiento es a través de la astrología.

Al ser viajeros cósmicos, los pleyadianos son particulares en cuanto a la exploración del universo hasta sus confines más lejanos. A medida que viajan, aprenden información valiosa sobre varias civilizaciones, planetas y sistemas estelares. En otras palabras, los pleyadianos se encuentran entre los seres más sabios que existen. Su sabiduría se extiende a cosas como la astrología y las estrellas en general. Pueden decirle mejor que nadie la forma en que los diversos cuerpos celestes interactúan entre sí, los efectos de las alineaciones planetarias y las energías cósmicas. Puede usar esta información para guiar su camino a través de la vida, para la adivinación o para entender por qué su vida es como es.

## La astrología como herramienta para acceder al conocimiento pleyadiano

Los practicantes espirituales pleyadianos trabajan activamente con eventos y alineaciones astrológicas como herramientas para sanar, crecer espiritualmente y manifestar lo que necesiten. Estos eventos en las estrellas afectan a los individuos y a la conciencia colectiva. Solo tiene sentido buscar activamente una comprensión profunda del funcionamiento de estos eventos y aprender sobre las estrellas desde el punto de vista pleyadiano. Ahora, profundicemos en detalles sobre cómo la astrología puede ayudarle a acceder a la sabiduría pleyadiana.

Los eventos astrológicos son herramientas para ayudar con la manifestación [22]

1. *Puede usar la astrología como guía.* La perspectiva pleyadiana de la astrología afirma que los movimientos y energías de los cuerpos celestes pueden servir potencialmente como guía. Cuando estudia las ubicaciones de los planetas en su carta natal y las configuraciones astrológicas en su vida, obtiene información sobre cómo estas energías interactúan y afectan a su vida. Nunca le tomará por sorpresa lo que se le presente en ningún momento.

2. *La astrología puede ayudarle a comprender mejor las conexiones del alma.* Los pleyadianos enseñan acerca de los contratos del alma y las conexiones del alma. Ningún alma en la Tierra ni en ningún otro lugar existe aislada. Todo el mundo está relacionado con todos los demás de alguna manera, y hay conexiones específicas que tienen un propósito. Cuando examina la sinastría, que implica la comparación lado a lado de las cartas natales de diferentes personas, puede descubrir las lecciones espirituales que vino a aprender de estas conexiones con los demás.

3. *La astrología puede ayudarle a entender los patrones energéticos de su vida.* Dado que cada cuerpo celeste tiene una influencia única en la forma en que vive la vida, puede comprender los efectos de los patrones energéticos emitidos por esos cuerpos en términos de los desafíos por los que tiene que pasar y lo que necesita desarrollar como persona. Al estudiar los patrones energéticos, obtiene una mejor idea de dónde puede crecer y cuáles son sus fortalezas. También sabe cómo aprovechar las energías que podrían ayudarle a lo largo de su camino espiritual.

4. *La astrología ofrece una explicación de su evolución.* La vida está destinada a evolucionar, y como parte de la vida, tiene activamente un camino evolutivo que seguir y un propósito que cumplir. Al estudiar su carta natal y otros elementos astrológicos, puede discernir lo que vino a aprender y experimentar en su vida. Puede usar la configuración de los planetas en su carta natal y en el momento presente para guiarte hacia el cumplimiento de su gran propósito y el deseo de su alma.

5. *La astrología ayuda a apreciar la sincronicidad.* Recuerde, no existe tal cosa como la coincidencia. Todo lo que sucede en la vida lo hace en un momento divino. Cuando considera los eventos astrológicos como las progresiones y los tránsitos, notará que reflejan la presencia de una forma superior de inteligencia. Cuanto

más estudie la interacción entre estos eventos astrológicos, más entenderá cuál es el mejor momento para buscar el crecimiento e integrar lecciones para manifestar y transformar tu vida espiritual.

## Los efectos de los eventos astrológicos

En primer lugar, consideremos *los eclipses*. Hay dos tipos de eclipses: solares y lunares. Cada uno de ellos es un evento extremadamente poderoso porque manifiestan portales de energía que puede usar para transmutar lo que quiera en la vida. Cuando la Luna pasa entre el Sol y la Tierra, eso es un eclipse solar. Sin embargo, cuando la Tierra proyecta una sombra sobre la Luna, eso es un eclipse lunar. ¿Cómo puede aprovechar este evento astrológico? Si hay algo en su vida que le gustaría cambiar para mejor, puede usar el eclipse; Simplemente intégrelo en su práctica espiritual reconociendo la energía y aprovechándola usando sus palabras e intención.

El eclipse solar, en particular, es impresionante para traer lo nuevo y crear cambios importantes y duraderos en su vida. En cuanto a los eclipses lunares, son los mejores para ayudar a superar emociones. Si se ha lastimado y está luchando por sanar, debe trabajar con el eclipse lunar. Este eclipse le ayudará a dejar de lado las viejas formas de pensar y ser para que finalmente pueda liberarse del dolor que está experimentando. Ambos eclipses son excelentes para lograr un crecimiento como colectivo y a nivel individual.

*Los retrógrados* también son eventos astronómicos muy poderosos de los que puede sacar provecho. Un retrógrado es el movimiento aparente de un planeta hacia atrás en el cielo cuando se ve desde la Tierra. La astrología pleyadiana enfatiza que los retrógrados son excelentes períodos para la reflexión y la introspección. Es un buen momento para mirar hacia adentro y reevaluar sus opciones hasta ahora. Mientras que los eclipses son excelentes para la manifestación externa, los retrógrados son perfectos para el trabajo interno.

Los seres humanos tienden a ocultarse ciertas verdades sobre sí mismos. A veces, este autoengaño se debe a que carecen del coraje o la fuerza para enfrentar esas verdades. Otras veces es porque asumen que hay algo que ganar ignorando la verdad sobre quiénes son. Esconderse de la verdad sobre uno mismo puede frenarle en la vida. Por lo tanto, use los retrógrados para ayudarle a descubrir las partes ocultas de sí mismo. Dese cuenta de que no todas las verdades ocultas son necesariamente erróneas o dañinas. Dentro de esas verdades están los núcleos de fuerza y la manifestación de grandeza más allá de sus sueños.

Otro conjunto de poderosos eventos astrológicos son *las conjunciones planetarias*. Siempre que al menos dos planetas estén estrechamente alineados con el mismo signo zodiacal o grado, eso se considera una conjunción planetaria. Este evento tiene el poder de afectar la energía colectiva y planetaria. El efecto de las conjunciones con las que estás lidiando depende de los planetas en cuestión. Por ejemplo, en diciembre de 2020, Saturno y Júpiter estaban en conjunción, lo que fue el catalizador para el inicio de un nuevo ciclo en el que hubo un cambio en las estructuras sociales, las aspiraciones y las creencias. El ciclo durará los próximos 20 años.

También hay que tener en cuenta *los tránsitos de los planetas exteriores*. Urano, Neptuno y Plutón se consideran planetas exteriores. Cuando están en tránsito, afectan a todos y pueden durar mucho tiempo. Los tránsitos de Urano, por ejemplo, tienden a ser perturbadores. Sin embargo, es importante no ver la interrupción como algo terrible porque dentro de ella se encuentra la oportunidad de liberarse. Son excelentes para provocar despertares en todos los ámbitos. Puede esperar innovación constante y cambios repentinos. Los tránsitos de Neptuno tienen que ver con la ilusión y la espiritualidad. Pueden esperar experimentar una mayor intuición cuando este planeta esté en tránsito. Le resultará más fácil conectarse con su lado espiritual. Con los tránsitos de Plutón, una energía intensa y profunda fomenta el cambio y conduce a la destrucción de viejas estructuras y sistemas. Hacer un seguimiento de estos tránsitos le permite aprovecharlos.

El último evento astrológico que debe tener en cuenta es un *aspecto planetario*. Los aspectos planetarios incluyen oposiciones, trígonos, cuadraturas y conjunciones, y todos ellos afectan al colectivo humano y a la energía del planeta. Los mejores aspectos que fomentan el flujo de la creatividad y la cooperación son los trígonos y las conjunciones. Al otro lado de la mesa, tiene oposiciones y cuadrados, que son aspectos que conducen a desafíos y causan tensión en tu vida. Sin embargo, son útiles porque pueden conducir al cambio, al crecimiento y a la resolución para mejor.

## Aplicaciones prácticas

Ahora que conoce los eventos astrológicos, surge naturalmente la siguiente pregunta: ¿Cómo puede incorporarlos a su vida espiritual? Aquí hay cinco formas diferentes de hacerlo.

*Establezca sus intenciones a primera hora de la mañana.* Cuando se despierte, antes de levantarse de la cama para comenzar el día, tómese un momento para considerar cómo quiere que sea. Obviamente, ya debería estar al tanto de los eventos astrológicos que tienen lugar. Esto significa que debería haber investigado el día anterior. Por ejemplo, si es consciente de que está a punto de haber un poderoso eclipse solar, puede establecer la intención de abrazar un nuevo comienzo en su vida, ya sea en finanzas, en la vida amorosa o en cualquier otra cosa. Si le ayuda, puede decir palabras en voz alta para invitar a los cambios que desee. Visualice la energía del eclipse solar vertiéndose en su cuerpo e inundándose de pies a cabeza. Diga firmemente en voz alta que está listo y abierto a los cambios que vendrán.

*Practique la meditación y la reflexión regularmente.* Establezca una hora específica todos los días para esta práctica. Tener un espacio dedicado en su hogar para este propósito también sería útil. Asegúrese de usar ropa cómoda y no distraerse durante al menos los próximos 10 a 15 minutos. Siéntese o acuéstese cómodamente, cierre los ojos y preste atención a su respiración. Cuando sienta que su mente está más tranquila y presente, dirija su atención hacia la energía cósmica del evento astrológico en cuestión. Visualice o siente esta energía fluyendo a través de tu cuerpo, y luego traiga a la mente lo que sea que desee reflexionar, cambiar o sanar. Con cada respiración, sienta cómo la energía se hace cada vez más intensa. Después de la meditación, puede escribir cualquier idea que haya recibido en su diario durante su práctica de atención plena.

*Utilice prácticas y rituales sagrados para ayudarle a aprovechar la energía del evento.* Estas prácticas no tienen por qué ser extremadamente complicadas. Es posible que tenga un altar en el que rezar, o tal vez disfrute de tener velas e incienso mientras reflexiona sobre la energía. La respiración, el canto y la visualización también son prácticas válidas con las que trabajar. Es importante elegir prácticas y rituales que se alineen con lo que es. Además, mantenga la mente abierta porque es posible que le inspire a probar algo diferente que le ayude a aprovechar la energía aún mejor que nunca.

*Haga que su creatividad fluya todos los días.* Encuentre tiempo en su día para participar en actividades creativas en las que pueda acceder y canalizar la energía del evento astrológico. Podría pintar, escribir poesía, tocar música, bailar o participar en otras actividades creativas. Esta actividad debe permitirle verter sus emociones. En su mente, encuentre formas de incorporar sus deseos y los conocimientos que ha adquirido a lo largo del tiempo, y permita que la energía sea su inspiración y guía durante su proceso creativo.

*Tenga un ritual de atención plena que realice antes de acostarse.* Podría ser tan simple como escribir una lista de gratitud, elegir perdonar, dejar ir cualquier emoción que no se sienta bien, decir oraciones o afirmaciones que se alineen con las energías de los eventos astrológicos, etc.

Si tiene alguna otra idea o inspiración sobre cómo puede trabajar con estas energías fuera de estas cinco sugerencias, definitivamente úselas. Independientemente de lo que decida, es importante que lo convierta en una práctica diaria porque cuanto más trabaje a propósito con estas energías, más fácil será que fluyan y tengan efectos reales perceptibles en su vida.

Es innegable que los eventos astrológicos tienen un impacto en su vida. A medida que la Tierra comienza su viaje desde la era de Piscis hasta la era de Acuario, es crucial comprender las energías que están llegando, para que pueda trabajar con ellas. Pero, ¿qué significa realmente la edad de Acuario? Descúbralo en el siguiente capítulo.

# Capítulo 5: Los pleyadianos y la era de Acuario

La era de Acuario es un concepto astrológico. Significa un momento en el que el eje de rotación de la Tierra, en relación con las estrellas, experimenta un lento bamboleo, y el Sol se mueve en un lapso de 2.160 años. El eje de la Tierra permanece en constante movimiento, cambiando gradualmente. A medida que pasa el tiempo, el equinoccio de primavera atraviesa los diferentes signos del zodíaco. La humanidad está entrando ahora en la era de Acuario, suplantando a la anterior era de Piscis.

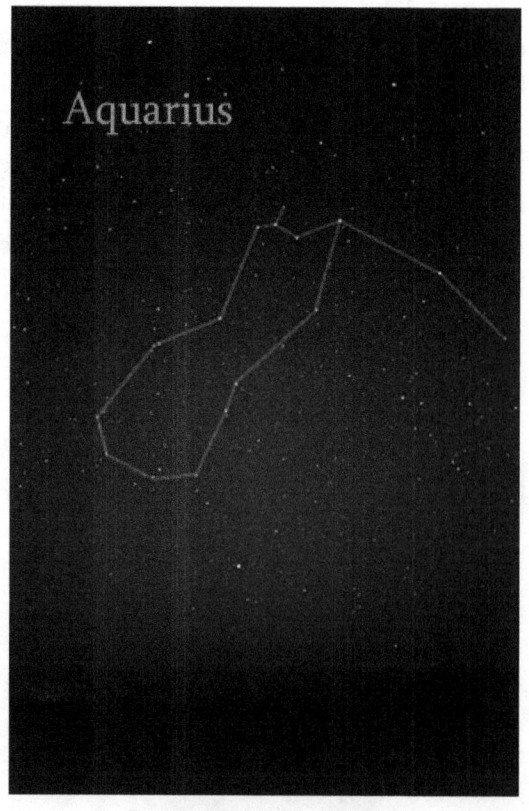

La constelación de Acuario [38]

# Temas de la era de Acuario

La era de Acuario tiene temas y características que la distinguen. El primero es el del individualismo y la conciencia colectiva. Es posible que haya notado que las personas están más enfocadas en la individualidad. Es posible que se encuentre más interesado en desarrollar su libertad como persona. La energía de la era de Acuario impulsa a todos a prestar atención a lo que los hace únicos y a expresar su autenticidad. Curiosamente, equilibra este enfoque en el individualismo al fomentar también un enfoque en las relaciones entre todas las personas. Este es un período en el que puede esperar ver la elevación de la conciencia colectiva hasta el punto en que la humanidad finalmente viva en unidad.

Los temas gemelos del progreso social y el humanitarismo también son el sello distintivo de la era de Acuario. En este momento, las personas están fuertemente motivadas para considerar los valores humanitarios en sus elecciones. La humanidad está despertando al hecho de que se requiere progreso social, ya que durante mucho tiempo, las personas han estado viviendo vidas reprimidas. Por lo tanto, ahora hay un enfoque en la justicia y la igualdad y en garantizar que hasta la última persona en la tierra tenga sus necesidades básicas satisfechas. Esta era se trata de construir comunidades que trabajen unas con otras, con el único objetivo de mejorar el estado de la humanidad.

Otra cosa a tener en cuenta sobre la era de Acuario es el rápido desarrollo de la tecnología y la innovación constante. Si ha estado observando de cerca el viaje de la humanidad en ciencia y tecnología, parecería que la raza ha dado saltos cuánticos. Eche un vistazo al mundo de la inteligencia artificial, por ejemplo. Todos los días hay un nuevo robot, habilidad y modalidad de IA que mejora la vida en la Tierra. Acuario está bajo la influencia de Urano. La energía de este planeta tiene que ver con la revolución, la innovación y el progreso científico. Por lo tanto, es natural que haya un rápido desarrollo de la ciencia y la tecnología. Los seres humanos serán aún mejores en el desarrollo de nuevas ideas y en la identificación de necesidades que no eran obvias. Nadie sabe con certeza cuál será la próxima novedad. Sin embargo, puede estar seguro de que afectará la forma en que se comunica, interactúa y vive.

La era de Acuario es también un momento en el que la conciencia se elevará a medida que las personas despierten espiritualmente. Aquellos que nunca han considerado los aspectos más amplios de sí mismos, de repente descubrirán que se sienten atraídos por la espiritualidad. Todo el mundo es cada vez más consciente de un hambre innata de explorar su alma. Donde una vez vivimos en una sociedad dominada principalmente por hechos científicos y empíricos que los cinco sentidos pueden observar, la humanidad está cambiando hacia la exploración del mundo esotérico con tanto detalle como lo ha hecho con el físico. Esto afectará a todos los aspectos de la vida.

## La conexión entre la era de Acuario y las enseñanzas pleyadianas

Si bien no hay necesariamente una correlación colectivamente acordada entre los temas de las enseñanzas pleyadianas y la era de Acuario, es innegable que se pueden encontrar similitudes entre ellos. Por un lado, el mensaje pleyadiano y la era de Acuario tienen que ver con el cambio colectivo de conciencia. Enfatizan que habrá una transición de lo viejo a lo nuevo. Los pleyadianos enseñan que la humanidad está pasando por un período de cambio en el que la conciencia se intensifica y el viaje espiritual se vuelve más intenso. Este es el proceso de alinearse con un propósito superior, algo de lo que continúan hablando en todas sus enseñanzas. Es el despertar de la naturaleza espiritual de la humanidad.

Los pleyadianos también enseñan sobre la importancia de elevar la conciencia y promover la unidad. Como se mencionó en capítulos anteriores, estos seres son conscientes de la interconexión de todo y de todos los que existen. Se dan cuenta de que comprender esta interconexión es fundamental para experimentar el verdadero amor y la unidad en todos los ámbitos de la existencia. Estos valores también son alentados por la energía de la era de Acuario. Esta era tratará de ir más allá de las historias y limitaciones del ego, permitiendo una conexión más robusta, expansiva y trascendente entre nosotros.

Tanto las enseñanzas pleyadianas como la era de Acuario tratan sobre el despertar espiritual. Ambas encarnan la idea de que los humanos serán mucho mejores en el uso de su intuición y otras habilidades psíquicas de lo que ya son. Los pleyadianos animan a las personas a ponerse en contacto con la sabiduría dentro de ellos. Tiene que aprender a confiar en su intuición. También debe seguir ese fuego dentro de usted que le empuja a aprender sobre el conocimiento esotérico. No está solo en este viaje. Todo el colectivo está despertando a los seres dimensionales superiores junto con ustedes.

Los pleyadianos también tienen que ver con la sanación y el amor universal. Cada vez que se canalizan, a menudo piden a las personas que aprendan a ser compasivas consigo mismas, con los demás y con el mundo en el que viven. Estas advertencias se hacen eco de lo que se espera en la era de Acuario. Cuanto mejor encarne el amor y emane energía curativa, más positivamente se verá afectado el mundo.

Al revisar las enseñanzas pleyadianas, encontrará que abordan la importancia de la guía y la asistencia espiritual. Estos seres están siempre presentes y listos para ofrecerte la ayuda que necesita en su viaje espiritual. Dese cuenta de que tiene un papel vital que desempeñar en el cambio del colectivo durante la era de Acuario.

Por favor, recuerde que las conexiones entre los mensajes pleyadianos y la era de Acuario tienen matices. La edad de Acuario es un concepto astrológico. Las enseñanzas pleyadianas, por otro lado, son el resultado de la información canalizada. Por lo tanto, es posible que encuentre cierta disparidad entre varios puntos de vista sobre cada uno de estos conceptos.

## Los pleyadianos sobre la activación del ADN en la era de Acuario

Los pleyadianos han hablado sobre la activación del ADN latente en los humanos y el potencial que espera ser desbloqueado en la humanidad. Enseñan que el ADN es un modelo energético que contiene la plantilla para la conciencia en múltiples dimensiones y el crecimiento acelerado, espiritualmente hablando.

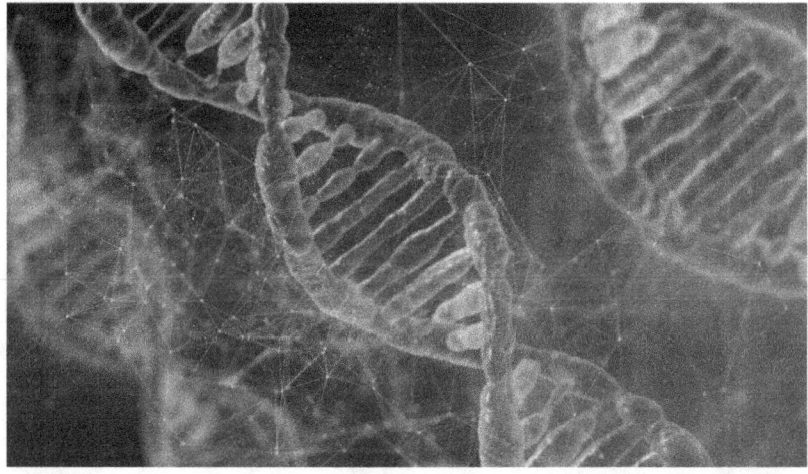

Los pleyadianos creen que los humanos tienen ADN latente que necesita activación [34]

Las energías cósmicas y las alineaciones planetarias también tienen un efecto sobre el ADN inactivo. ¿Cómo se activa el ADN latente? Usando el poder de los eventos astrológicos discutidos anteriormente. Al aprovechar deliberadamente estas energías y establecer la intención de despertar lo que está dormido en su interior, comenzará a experimentar fenómenos que, una vez, la gente consideraba imposibles o materia de cuentos de hadas.

La activación del ADN es esencial para el despertar y la evolución del colectivo. Es por eso que debe tener una práctica diaria que le alinee con la frecuencia más alta de la era de Acuario. Lleva dentro de usted una gran sabiduría de la antigüedad. Desbloquear esta sabiduría puede hacer que su conciencia se expanda, ayudarle a crecer hacia la madurez espiritual e incluso llevar su intuición a grandes alturas. Encontrará una plétora de dones espirituales. Ya sea que se trate de sanación, telepatía, canalización, intuición, percepción expandida, conciencia de múltiples dimensiones o conexión con reinos superiores, la activación de su ADN le dará todo esto y más.

Haga el trabajo para crear las mejores condiciones que permitan que su ADN se active. Esto significa practicar la autorreflexión, aprender sobre las energías, hacer de la meditación una práctica diaria, asegurarse de decir su verdad, etc. Cuando elige vivir conscientemente, borra todas las obstrucciones energéticas que le impiden expresar los poderes encerrados dentro de usted.

Los pleyadianos enseñan que la activación del ADN no es algo que ocurre en el vacío. Practique la colaboración y la apropiación con todos los habitantes del planeta. Así que, mientras pone su granito de arena para acceder a los poderes que lleva dentro, colabore con otros para compartir lo que sabe y lo que ha experimentado para que ellos también puedan aprender de usted y crecer. Además, si su corazón está en ayudar al colectivo, debe integrar las energías de los eventos planetarios en su vida diaria. Encuentre maneras de insertar esta energía en cada interacción que tenga. Es posible que no esté hablando necesariamente de pleyadianos u otras cosas esotéricas. Sin embargo, infunda esa energía en sus conversaciones mientras interactúa con los demás. Deje que fluya de usted cuando pasen tiempo juntos o incluso pateando una pelota, ya que esto hará que su energía se contagie a ellos y los atraiga a una frecuencia más alta.

Tenga en cuenta que lo que enseñan los pleyadianos no se trata de tener superpoderes con los que puedas flexionar. No se trata de presumir. Se trata de usar esos poderes para ayudar a las personas que le rodean. Cuando su corazón está en el lugar correcto, sabe que estos dones le han sido dados para que pueda servir a los demás, a la tierra y al cosmos. En el próximo capítulo, descubrirás si es una semilla estelar. ¿Cómo? Con su carta natal.

# Capítulo 6: Cartas natales de semillas estelares

## ¿Qué es una carta natal?

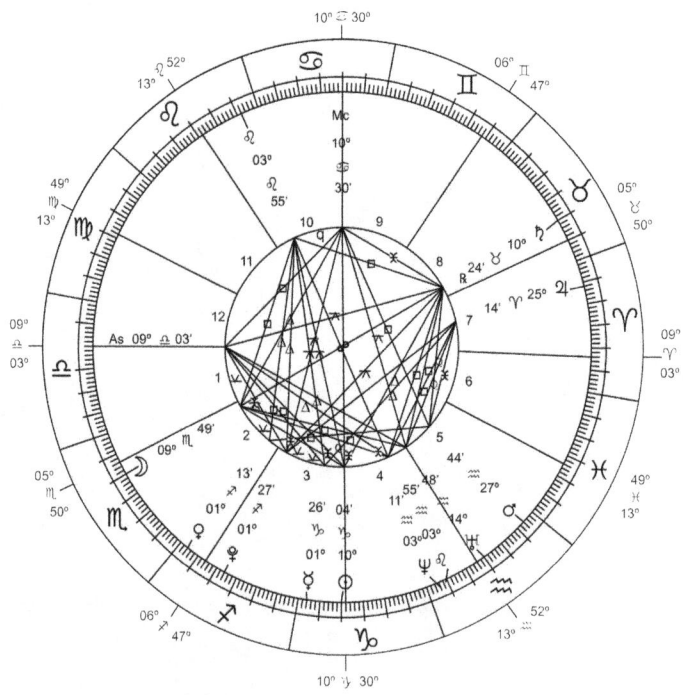

Ejemplo de carta natal [25]

Su carta natal ofrece una visión general de las posiciones planetarias cuando nació. Piense en ello como una instantánea de las energías celestiales que fueron influyentes cuando se encarnaron en la Tierra. Puede esperar encontrar el Sol, la Luna, los planetas y otros cuerpos celestes en su carta natal. Debe saber cuándo y dónde naciste para crear su carta. También es útil tener la hora precisa de su nacimiento.

La carta natal tiene varios componentes esenciales que hacen posible que pueda interpretarla con precisión. En primer lugar, los planetas de su carta natal son representativos de las diversas energías y arquetipos de tu personalidad y experiencias en la vida. Los planetas astrológicos son el Sol, la Luna, Mercurio, Venus, Marte, Júpiter, Saturno, Urano, Neptuno y Plutón. Cada uno tiene su firma energética única que te afecta de diferentes maneras.

Su carta natal también tiene casas. Estas casas representan varios aspectos de tu vida donde se manifiestan las energías de los planetas. Hay 12 casas en su carta. Cada una está conectada a temas específicos. La primera casa es la del Yo. Refleja cómo se ve. Es la primera impresión que la gente tiene de usted cuando le conoce. La siguiente casa es la del Valor. Tiene que ver con sus finanzas personales y con las cosas que posee y tiene en alta estima. Si quiere conocer el estado de sus finanzas y lo seguro y estable que es, esta es la casa que debe visitar.

La tercera es la casa de la Comunicación, que representa el pensamiento, el aprendizaje y la forma en que interactúa con los demás. La cuarta casa es la del Hogar y la Familia. Esta casa representa el hogar, la familia y el lugar donde se echan raíces. Le dice mucho sobre su estabilidad emocional. La quinta es la casa del Placer, que tiene que ver con su romance, creatividad, hijos y capacidad para expresarte plenamente. La sexta es la casa de la Salud, que trata sobre el estado de su bienestar y cómo trabaja.

La séptima casa también se conoce como la casa de la Asociación, que es representativa de las relaciones, el matrimonio y las asociaciones que pueda tener en su vida. Se trata de cooperar con los demás y encontrar la armonía y el equilibrio. La octava casa es la de la Transformación. Esta casa trata sobre el renacimiento, la muerte y el cambio. La casa de la Filosofía, o la novena, tiene que ver con la educación superior. También se trata de viajar para conocer nuevas culturas, tradiciones y filosofías. Esta casa cubre todo lo relacionado con el crecimiento y la expansión personal.

En el número 10, tiene la casa de la Carrera, que tiene que ver con su reputación, estatus social y trabajo. Se trata de su ambición, impulso y los logros por los que es reconocido. La undécima casa también se llama la casa de la Amistad. Representa a los grupos y causas sociales a los que pertenece. Nadie existe como una isla. Por lo tanto, esta casa es importante porque le permite encontrar la plenitud de la mejor manera posible, dependiendo de lo que diga su carta natal. Por último, está la duodécima casa, la del Inconsciente. Representa todo lo relacionado con su mente inconsciente o subconsciente, el karma y la espiritualidad. Esta es la casa de la introspección. Le invita a mirar hacia adentro, crecer espiritualmente y transformar su vida.

Además de planetas y casas, encontrará signos del zodiaco en tu carta natal. Hay 12 signos del zodíaco, y todos tienen diferentes rasgos y cualidades. Los 12 signos del zodiaco y el orden secuencial son Aries, Tauro, Géminis, Cáncer, Virgo, Libra, Escorpio, Sagitario, Capricornio, Acuario y Piscis. Su signo solar es en el que estaba el Sol cuando nació.

Los aspectos son otra parte vital de la carta natal. Los aspectos son las relaciones angulares entre todos los planetas de su carta natal. Le dicen mucho sobre cómo las diferentes energías de los diferentes planetas interactúan entre sí y afectan su vida. Las conjunciones son lo que se obtiene cuando los planetas están cerca unos de otros. Los aspectos de oposición en su carta natal ocurren cuando dos planetas están en lados opuestos. Tiene un trígono cuando dos planetas están separados por 120 grados, un cuadrado cuando están separados por 90 grados y un sextil cuando están separados por 60 grados. Juntos, le permiten conocer los desafíos que puede experimentar y su potencial.

# ¿Por qué las cartas natales son necesarias para encontrar el origen de su semilla estelar?

Su carta natal es esencial, ya que le ayuda a descubrir sus orígenes y a comprender el viaje de su alma. Una mirada crítica a su carta le permitirá saber qué firmas de energía e indicadores están presentes y le ayudará a identificar tus orígenes como semilla estelar. Entre los indicadores que le ayudan a averiguar de dónde viene están los realineamientos planetarios, los aspectos, los sistemas estelares que aparecen en la carta y, lo más importante, los nodos. Recuerda, cuando los planetas están en posiciones particulares y ciertos aspectos aparecen en su carta, podrían alinearse con frecuencias de energía de un sistema estelar o más, lo que le dará una pista sobre sus orígenes de semillas estelares.

¿Tiene curiosidad por conocer los factores astrológicos que son importantes para determinar sus orígenes? Bueno, lo primero que debe considerar son las alineaciones planetarias. A continuación, debe fijarte en los nodos de la luna. Verás, los nodos norte y sur de la luna son vitales para descubrir cómo fue su vida pasada y cuál es la única misión de su vida actual. También debe tener en cuenta los sistemas estelares y las estrellas fijas de su carta. Por ejemplo, Arcturus, Sirio, Orión o las Pléyades están todas conectadas con los orígenes de las semillas estelares, y si son prominentes en tu carta, esto podría significar que estás atado a esos lugares a nivel cósmico.

Los pleyadianos enfatizan la importancia de explorar su carta natal para comprender su verdadera naturaleza y de lo que es capaz. Enseñan que su alma elegirá una hora, fecha y lugar de nacimiento en particular para aprovechar las energías planetarias disponibles para desarrollarse y crecer. Su carta natal le enseñará todo sobre las lecciones que se supone que debe aprender en esta vida. Si se siente perdido y no es consciente de sus talentos, puede usar su tabla para averiguar qué debe hacer con su tiempo y energía. Trabajar con la información que obtiene de su carta natal es una excelente manera de acelerar su despertar y desarrollo espiritual. Además, comprender su carta natal no le dará una vida fácil y ventosa, pero hará que sus desafíos sean menos desalentadores, ya que ya sabe con qué luchará y dónde se encuentran sus fortalezas.

## Interpretación de las cartas natales con influencias pleyadianas

A la hora de interpretar tu carta natal, debe fijarse en ciertos aspectos y otros factores fuertemente conectados con las frecuencias pleyadianas. Primero, considere lo que está sucediendo con el cúmulo pleyadiano en su carta, particularmente en lo que respecta a los planetas personales. El Sol, la Luna, Mercurio, Venus y Marte se consideran planetas personales, y cuando están en conjunción o alineación cercana con las Siete Hermanas en su carta, es muy probable que sea pleyadiano.

Otro dato interesante acerca de las semillas estelares pleyadianas es que son fuertemente venusianas en su energía. Recuerde, estos seres tienen que ver con la belleza, la vida armoniosa y el amor. Estos rasgos son un reflejo del planeta Venus. Si tiene Venus en Libra o Tauro, tiene orígenes pleyadianos.

Si es una semilla estelar pleyadiana, lo más probable es que tenga ubicaciones planetarias importantes en la quinta o séptima casa. Recuerde, la quinta casa es la casa de la creatividad y la autoexpresión, mientras que la séptima casa se trata de relaciones y asociaciones. Como semilla estelar pleyadiana, es natural que desee expresarse creativamente y conectarse con los demás.

Una última señal a tener en cuenta en tu carta natal es si tiene aspectos positivos relacionados con Neptuno. Verá, Neptuno es un planeta que fomenta la conexión espiritual. Se trata de reinos más altos que la Tierra. Neptuno es también el planeta de la intuición, y como semilla estelar pleyadiana, puede tener aspectos positivos como trígonos o conjunciones entre Neptuno y otros planetas. Si lo hace, puede conectarse con la sabiduría espiritual y acceder a la guía de los pleyadianos.

## La importancia de los nodos

Los pleyadianos enseñan que el nodo Norte es una poderosa señal del camino de su alma y de los orígenes de las semillas estelares. Si su nodo Norte está en Libra o Tauro, está fuertemente conectado con los pleyadianos porque esos signos del zodíaco poseen poderosas energías de armonía, amor y desarrollo espiritual.

El nodo Sur representa su vida pasada y los patrones de karma con los que lucha. Si es de origen pleyadiano, puede notar que su nodo Sur es Aries o Escorpio, y esto podría ser una señal de que lucha por ser asertivo, transformarse y lidiar con las dinámicas de poder. Cuando elige trabajar a través de estos obstáculos, finalmente puede llegar a ser mucho más alto en frecuencia, emanando aún más energía pleyadiana de la que ya tiene.

Es necesario prestar atención a los aspectos nodales. Estos aspectos se encuentran entre otros planetas y tus nodos Norte y Sur, y pueden decirte más sobre la historia de origen de su semilla estelar y la evolución de su alma. Los aspectos armoniosos como sextiles o trígonos entre la Luna, Neptuno o Venus y sus nodos podrían ser signos de que es pleyadiano.

Supongamos que está mirando una carta natal y se da cuenta de que su Sol se encuentra en conjunción con el cúmulo de las Pléyades. Eso significaría que las energías de las Pléyades influyen altamente en su ser fundamental. Sugiere que su propósito para estar aquí en la tierra es expresar sabiduría, amor y crecimiento espiritual. Si Venus se alinea con las Pléyades, se siente atraído por la belleza, la armonía y el amor. Por lo tanto, ya sea que se trate de tu relación, creatividad, arte o estética, está altamente influenciado por la energía pleyadiana.

¿Y si su carta tiene un aspecto armonioso entre Neptuno y la Luna? Lo que esto significa es que su intuición es fuera de serie. Y no solo eso, está en contacto con sus emociones. Para desarrollarse espiritualmente, debe confiar en su intuición y sensibilidad emocional. Ahora, supongamos que en esta misma carta natal, encuentra que Plutón y Marte forman un aspecto desafiante. Esto implicaría que debe encontrar una manera de cambiar sus energías asertivas y equilibrarlas. Otros elementos astrológicos que demuestran influencias pleyadianas incluyen:

- Un cúmulo de planetas en Cáncer, Géminis o Tauro.
- La Luna en Piscis o Cáncer.
- Venus en Libra o Tauro.
- Neptuno en una posición prominente en Su carta natal.
- El nodo Norte se posiciona y Cáncer Géminis o Tauro.
- Aspectos armoniosos con el medio cielo o ascendente.

Si desea obtener más información sobre cómo identificar sus raíces pleyadianas, diríjase al siguiente capítulo.

# Capítulo 7: Identificando sus orígenes pleyadianos

## Cómo descubrir sus raíces pleyadianas

Identificar sus raíces pleyadianas requiere autodescubrimiento y estar en contacto con su intuición[36]

¿Quiere descubrir sus raíces pleyadianas? Bueno, debe recordar que este viaje es muy personal. Requiere que esté en contacto con su intuición. Si bien puede aprender mucho de la astrología, el hecho es que el verdadero autodescubrimiento es algo que debe hacer yendo hacia adentro. Veamos cinco posibles formas de sumergirse profundamente y explorar sus raíces pleyadianas sin necesidad de influencias externas que le ayuden.

*En primer lugar, debe practicar la autorreflexión:* Conviértalo en un hábito diario para reflexionar sobre su día y cómo ha sido la vida últimamente. La meditación, el diario y la atención plena son prácticas útiles para la autorreflexión y le ayudarán a prestar atención a los susurros que provienen de su interior. Siéntese en quietud y notará que sus pensamientos intuitivos burbujean a la superficie para que los aborde y los reconozca.

*Decídase a convertirse en un buscador de conocimiento y sabiduría:* Sumérjase en el vasto mar de la sabiduría pleyadiana, para que pueda aprender todo lo que puedas sobre la mitología que rodea a las Siete Hermanas. Busque en Internet o en tu biblioteca local todo lo relacionado con las Pléyades. Cuanto más conocimiento absorbe, más rápido se despierta a quién es realmente y a la sabiduría que lleva dentro de usted.

*Conéctese directamente a las energías pleyadianas:* Al practicar ejercicios de visualización, se sintonizas con las frecuencias pleyadianas. También puede invitarlas a estar presentes durante los eventos más mundanos de su vida cotidiana. Al aceptar y reconocer que le han escuchado, naturalmente las atraerás cerca de usted, y esto le ayudará a aprender más sobre sus raíces pleyadianas. Es posible que experimente sueños o proyecciones fuera del cuerpo durante los cuales descubre verdades sobre su ascendencia.

*Respete el regalo que es su intuición:* Debe aprender a confiar en la sabiduría que viene de su interior. La intuición, cuando se divide en dos palabras diferentes (*in-tuition*), es literalmente "enseñanza que viene de adentro". Como semilla estelar pleyadiana, tiene la energía pleyadiana dentro de usted, y contiene todo lo que necesita saber sobre su pasado y futuro como un alma en constante evolución. Por lo tanto, fíjese cuando encuentre símbolos que aparezcan repetidamente en sus sueños. Preste atención a los eventos sincrónicos, ya que podrían ser guías que le muestren el camino que debe recorrer.

*Encuentre su tribu:* Tiene que buscar a otras personas que sean como usted. Encuentre personas a las que les apasione aprender sobre su ascendencia pleyadiana. Supongamos que es difícil encontrar personas a su alrededor interesadas en el conocimiento esotérico. En ese caso, puede usar Internet para encontrar foros, grupos sociales y reuniones locales cerca de usted. Construyan una comunidad de personas que compartan los mismos valores que ustedes, ya que esto acelerará su ascensión como alma. Tendrá más información sobre quién eres como semilla estelar pleyadiana.

## Señales de que está despertando como un pleyadiano

Usted ha elegido caminar por el sendero del despertar. Esto significa que nunca volverá a ser el mismo. Para tener éxito en su viaje, debe mantenerse abierto y continuar reflexionando sobre su vida y sus elecciones. Debe tener un fuerte deseo de saber quién es y estar dispuesto a sondear las profundidades de su alma. A medida que se embarca en este viaje personal y altamente espiritual, comenzará a experimentar señales de que estás despertando como un pleyadiano. El despertar se desarrolla de manera diferente para todos, y los conocimientos que obtenga diferirán de los que obtenga la siguiente persona. Dicho esto, aquí hay algunas señales potenciales a tener en cuenta:

*Sus niveles de sensibilidad aumentan significativamente:* A medida que comienza a darse cuenta de quién es como pleyadiano y acepta sus orígenes, encontrará que es cada vez más sensible a las emociones, la energía y cualquier cambio sutil o vibración en su entorno inmediato. El aumento de la sensibilidad le da profundidad a su experiencia de vida, lo que le permite comprender realmente dónde está en cada punto. Se vuelve mucho más consciente de sus emociones. Por lo general, las personas caminan como zombis, sin darse cuenta de lo que les hace pasar de los altibajos emocionales. Sin embargo, despertar como un pleyadiano significa que reconocerá estos cambios a medida que comienzan. Esto implica que descubrirá patrones de comportamiento que no le sirven y se adelantará a ellos antes de que puedan arraigarse en su vida, como siempre lo han hecho. Ser cada vez más sensible es beneficioso porque le ayuda a ser más empático con los demás. Aprenda a notar lo que puede ver, oír *y* sentir. De esta manera, puede interactuar con los demás desde un lugar de poder, seguridad y amor.

*Su conciencia se expandirá:* A medida que despierte a sus orígenes pleyadianos y los integre, encontrará que su percepción de la realidad florecerá. Comienza a cuestionar la naturaleza de la existencia, dándose cuenta de que la forma convencional de hacer las cosas no parece sostenible. Piense en temas profundos como la verdadera naturaleza de la realidad y el sentido de la vida. Considere la conexión entre la existencia espiritual y la material. A medida que trabaje en la expansión de su conciencia, sentirá una atracción hacia la búsqueda de diferentes formas religiosas de pensar, filosofías y otras prácticas que podrían arrojar luz sobre la verdad de la existencia. También descubre que ya no eres una víctima del pensamiento dualista, en el que asume que es blanco o negro. Empieza a ver los tonos de gris en todo, entendiendo que la vida debe ser vista desde un punto de vista más holístico. Su conciencia en expansión implica que tendrá acceso a tales profundidades de conciencia que nunca podrías haber imaginado antes de comenzar su viaje. Es posible que descubra habilidades psíquicas o incluso percepción extrasensorial, lo que le ayudará a acceder a una sabiduría que no está disponible para la mayoría.

***Sus habilidades intuitivas se activarán:*** Cuanto más se sumerja en sus raíces cósmicas, más encontrará que sus dones intuitivos se vuelven obvios. Por un lado, recibirás mensajes claros de su ser superior. Estos mensajes pueden aparecer de varias maneras. Es posible que tenga sueños, reciba destellos de comprensión durante la meditación o incluso experimente una comunicación directa a través de la escritura o la canalización automáticas. Tiene un conocimiento interno sin poder explicar cómo sabe lo que sabe. A medida que se sumerja en sus orígenes pleyadianos, preste atención a los empujones intuitivos que recibe, ya que desempeñarán un papel a lo largo de su viaje. Si se siente inclinado a pararse en su cafetería favorita a las 2:13 p. m., debe hacerlo sin hacer preguntas. Estos empujones intuitivos son importantes porque le brindarán las oportunidades y experiencias que necesita para crecer.

# Desafíos a los que se enfrentará el pleyadiano despierto

A medida que se vuelve más consciente de quién es como pleyadiano y semilla estelar, debe recordar que se encontrará con un buen desafío. Es posible que vea estos desafíos como obstáculos, pero ese no es el caso. Puede usarlos como peldaños o combustible para el fuego que arde dentro de usted para transformarse a sí mismo y a la humanidad para mejor. Sin más preámbulos, estos son algunos de los desafíos que encontrará:

*Es posible que inicialmente se sienta abrumado por el proceso de integración de su conciencia multidimensional.* Un efecto secundario inevitable de despertar a sus orígenes pleyadianos significa que expandirán su conciencia mucho más allá de lo que es típico para los humanos. Recibirá información y sensaciones de dimensiones además de la física. Como resultado, esto puede ser difícil de manejar porque le bombardearán con demasiada información. Al menos, eso es lo que sentirás al principio hasta que se acostumbre. Sus relaciones se verán afectadas a medida que intente equilibrar su nueva conciencia expandida y su vida mundana regular. Debe encontrar una manera de mantener la armonía con las personas que le rodean y mantenerse conectado a tierra mientras es consciente de otros reinos.

*Es posible que experimente incertidumbre a medida que descubre sus sistemas de creencias.* No hay manera de evitar el proceso de cambiar sus creencias a medida que aceptan que es un pleyadiano. Muchas de las creencias que tiene cerca y queridas serán desafiadas. Esto no es fácil, ya que muchas personas se identifican con patrones de pensamiento establecidos. Sugerir que las cosas que compra son innecesarias puede sentirse como una erradicación del individuo. Debe pasar por este proceso. Se encontrará dejando ir el condicionamiento que ha aceptado y con el que ha sido programado desde el nacimiento. Dará a conocer la programación de los padres, las figuras de autoridad, la religión, la cultura, la sociedad, los medios de comunicación, etc. A medida que se despoje de las creencias limitantes que no le sirven como peso muerto, se vuelve más ligero, evolucionando hacia un ser de luz a medida que honra su verdad, que burbujeará naturalmente desde su interior. Sin embargo, tenga cuidado con la tentación de sugerir a los demás que sus creencias no son válidas. Aquellos que despierten observando los cambios en su vida lo harán naturalmente. No hay necesidad de forzar sus creencias en la garganta de nadie.

*La turbulencia emocional como resultado de su curación puede ser incómoda.* Despertar significa que comenzará a sentir emociones a un nivel profundo a medida que sana todo el daño de vivir una vida de menos conciencia de la que estás experimentando. Notará que las heridas y traumas del pasado comienzan a resurgir en su mente consciente, pidiendo ser resueltos. Los patrones que han plagado su ascendencia durante generaciones saldrán a la superficie, buscando ser liberados y sanados. Debe entender que este proceso es bastante intenso. Debe ser valiente y mantenerse firme porque el oro debe pasar a través de un fuego intenso para ser purificado. Sea amable consigo mismo mientras experimenta este proceso. Necesita buscar una comunidad que entienda por lo que está pasando. Cuídese. No se salte ni un día de prácticas de mindfulness. Además, no intente reprimir ninguno de estos traumas porque eso solo hará que su malestar aumente y dure más tiempo.

*Es posible que experimente resistencia y miedo a medida que descubre su verdadero propósito.* Darse cuenta de que está aquí para servir a la humanidad y sanar el planeta puede parecer mucho. Es comprensible querer rehuir una responsabilidad tan grande. Sin embargo, debe recordar que no está solo en este proceso. No es como el mítico Atlas cargado con el mundo sobre tus hombros sin nadie que le ayude a llevarlo. Tiene una familia entera que abarca generaciones y en todo el mundo trabajando en el mismo objetivo. Así que no tenga miedo de prestar sus pasiones, dones únicos y conocimientos a la causa. No tenga miedo de ponerse en los zapatos de su verdadero ser porque esto es parte de su evolución. Es inevitable, así que es mejor que disfrute del viaje y lo acepte por completo.

*Es posible que tenga problemas para equilibrar su vida espiritual y material.* Se está dando cuenta de las frecuencias más altas. Como resultado, estará expuesto a fenómenos y líneas de pensamiento poco comunes. Algunas personas se pierden demasiado en la fuente y olvidan que deben hacer cosas básicas como continuar su trayectoria profesional, mantener sus relaciones prósperas y ocuparse de las responsabilidades diarias. Enfréntese a este desafío manteniéndose conectado a la realidad mientras experimenta su evolución espiritual. Puede hacer esto tomando las percepciones espirituales que obtiene de sus prácticas e integrándolas en sus actividades diarias.

*Habrá desafíos que enfrentar cuando se trata de manejar sus sensibilidades energéticas.* No puede evitar volverse más sensible a su entorno, por lo que captará las energías y los estados emocionales de otras personas. A veces es casi como si pudiera leer sus mentes. Si no tiene discernimiento, puede asumir que los pensamientos de otra persona son suyos. La forma de manejar este desafío es aprender a establecer límites energéticos. Debe cultivar prácticas que le ayuden a ser más consciente de su verdadero yo. Ya sabe que el mindfulness es una excelente herramienta para ayudarle con esto. Trabajar con acupuntura, sanación pránica, meditación o reiki también es efectivo. Si se encuentra completamente abrumado por la energía de alguien, puede practicar el corte de cable energético. Visualice los cordones energéticos conectados a usted y a esta persona, y luego imagínelos cortándose suavemente y disolviéndose en la nada. También puede imaginarse rodeado de una burbuja de luz blanca o rosa para que no tome la energía de otras personas a medida que avanza en su día.

*Es posible que este viaje le resulte bastante solitario y alienante.* Cuando no tiene personas a su alrededor que compartan los mismos ideales pleyadianos, puede sentirse como si estuvieras solo en el mundo. Anhela que le entiendan, pero lamentablemente, es un alma rara la que le atrapará. Es por eso que debe buscar de manera proactiva personas con ideas afines y construir una comunidad que le apoye. Asista a reuniones espirituales y consulte los foros en línea para conocer a otras personas y formar una familia.

*Tendrá que hacer un poco de trabajo en la sombra y practicar la autointegración.* Como semilla estelar pleyadiana que fue despertada, no puede saltarse el trabajo requerido para sanar las partes de usted que ha continuado negando o ignorando. Debe traer su sombra a la luz para que no solo pueda sanar, sino que pueda integrar los dones que yacen dentro de la sombra. Muchos asumen que el yo en la sombra es horrible y no tiene nada bueno que ofrecer. Por lo tanto, creen que la sombra debe ser reprimida. Sin embargo, su sombra alberga algunas de las cosas más profundas sobre usted. Esto se debe a que su sombra está compuesta de todas las cosas que la gente no aprobaba y que rechazaba voluntariamente para poder encajar. Recuerde que, como semilla estelar pleyadiana, debe ser auténtico. Por lo tanto, el trabajo con la sombra no es opcional. Para ayudarse a lo largo de tu viaje, puede trabajar con sanadores, terapeutas y guías espirituales para integrar este aspecto de usted mismo y llegar a ser completo.

*Empezará a tener recuerdos de vidas pasadas que tiene que integrar.* A medida que despiertan a sus raíces pleyadianas, puede recordar eventos de su vida pasada. Este recuerdo puede suceder como destellos en su mente. Alternativamente, puede experimentar esas vidas en sus sueños. Descubrir que solía ser un comandante romano de sangre fría que amaba demasiado la guerra puede ser muy discordante. Imagine descubrir que ha vivido vidas en las que sus valores actuales son la antítesis de esos personajes del pasado.

En otras palabras, la experiencia de recordar e integrar estos recuerdos es intensa. Debe ser paciente consigo mismo y practicar el discernimiento para evitar tomar cualidades de esas vidas que no le servirían. Además, sería útil si trabajara con terapeutas o guías espirituales con experiencia en la terapia de regresión a vidas pasadas. Escribir un diario y meditar son excelentes herramientas para ayudarte a integrar estos recuerdos de una manera empoderadora que enriquezca su experiencia de vida actual.

Es posible que se sienta tentado a rehuir el despertar, pero no debe hacerlo. Estos desafíos son una invitación que debe aceptar para crecer más allá de lo que es y hacer algo mucho más hermoso. Confíe en que recibirá apoyo a lo largo de su viaje. Abrace todo lo que viene con un corazón abierto y la voluntad de ir más allá de sus limitaciones actuales, independientemente de cómo se vea.

## Rasgos y características de las semillas estelares pleyadianas

Existe una suposición errónea de que los pleyadianos tienen características físicas o marcas que los distinguen. Tenga en cuenta que este no es el caso y solo alimenta la discriminación y la división innecesarias entre las personas. Se cree que los pleyadianos tienen la piel pálida y los ojos azul claro. Si bien este es el caso de su forma original, eso no implica que solo los humanos con los mismos rasgos puedan ser o sean pleyadianos.

Recuerde que como semilla estelar, usted es un alma reencarnada. Eso significa que puede nacer con cualquier persona de cualquier color de piel, forma o género. Hay, sin embargo, ciertos rasgos que le distinguen. Estos rasgos de carácter ya se han abordado claramente en el capítulo dos, por lo que puede consultarlo si desea un repaso.

Por lo tanto, ahora reconoce que es una semilla estelar pleyadiana. ¿Tiene curiosidad por saber cómo se comunican los pleyadianos? El próximo capítulo le enseñará todo lo que necesita saber sobre el lenguaje de luz pleyadiano y cómo activarlo.

# Capítulo 8: El lenguaje de la luz pleyadiana

## ¿Qué es el lenguaje de luz pleyadiana?

El lenguaje de la luz cósmica lleva toda la sabiduría de diferentes entidades cósmicas y civilizaciones galácticas [27]

Los pleyadianos tienen un lenguaje que no respeta las barreras en términos de dimensiones. Está muy por encima y más allá de todo lo escrito o hablado en la historia de la humanidad. Este lenguaje puede romper todas las barreras de comunicación debido a su naturaleza vibratoria. Como ya sabe, todo en la vida se mueve y vibra. Esto significa que este lenguaje es fácil de entender para todos y cada uno de nosotros y es poderoso para efectuar cambios cuando se usa para ese propósito. Este lenguaje tiene mensajes codificados, activaciones energéticas y frecuencias que traen sanación y transformación. Este es el lenguaje de luz pleyadiano.

## Propiedades del lenguaje de luz

El lenguaje pleyadiano trabaja con el principio de vibración. Todo lo que existe es energía; por lo tanto, es fácil que el lenguaje de luz pleyadiano afecte a todos y cada uno. Cada símbolo, tono y sonido de este lenguaje está calibrado a frecuencias que tienen efectos inequívocos en las estructuras energéticas de los entornos, objetos y personas.

Los lenguajes de luz pleyadianos trabajan con símbolos especiales conocidos como geometría sagrada. Algunas personas escuchan el término "geometría sagrada" y asumen que es un cuadrado o un círculo bendecido con agua bendita o algo así, pero ese no es el caso. Las formas de la geometría sagrada son los bloques de construcción de toda la creación. Estas formas son los principios básicos y los patrones que impulsan la realidad.

Se cree que la geometría sagrada es la piedra angular de la creación [28]

Por ejemplo, tiene la flor de la vida, un patrón con círculos que se superponen entre sí y que representan la energía de la unidad y la creación. Luego está la *vesica piscis*, con círculos que se cruzan, llevando dentro de sí las energías gemelas de la interconexión y el equilibrio divino.

Las formas geométricas sagradas son esenciales, ya que contienen frecuencias energéticas e información. Estas formas transmiten frecuencias activadoras, curativas y transformadoras.

Dado que el lenguaje de la luz pleyadiana está arraigado en la geometría sagrada, puede romper todas las limitaciones del lenguaje convencional e interactuar directamente con ustedes en un nivel multidimensional. La codificación presente en el lenguaje es responsable de la activación latente del ADN para ponerse en contacto con su ser superior. Esto le permite evolucionar espiritualmente y despertar para curarse a sí mismo en todos los niveles. A medida que trabaje con este lenguaje, podrá despertar partes de usted que han estado dormidas e inconscientes durante un tiempo. Se dará cuenta de que se vuelves más creativo y expresivo. Aceptará fácilmente la sabiduría, la guía y el apoyo de entidades de dimensiones superiores.

Si está luchando con bloqueos energéticos, necesita una forma efectiva de equilibrar sus chakras, sanar su trauma emocional, etc. El lenguaje de luz pleyadiano es excelente para ayudarle a lograr todo esto y más. Esto se debe a que este lenguaje le realinea con su propósito más elevado. Con él, puede eliminar toda la paja para llegar a la verdadera esencia de su ser. Hay muchas maneras en las que pueden expresar el lenguaje de luz. Podría crear arte con él. Podría escribirlo o hablarlo. Y al igual que el lenguaje convencional, puede cantarlo.

## Tipos de lenguajes de luz

Hay varios tipos diferentes de lenguajes de luz con sus características y usos únicos. Se han categorizado de varias maneras, pero debe entender que estas categorizaciones no son necesariamente rígidas y son subjetivas en su interpretación. Estos son algunos de los lenguajes de luz pleyadianos más comunes que puedes encontrar:

*Lenguaje de luz galáctica:* Este lenguaje de luz está atado a las enseñanzas pleyadianas y proviene de las Siete Hermanas. Se puede expresar vibratoriamente de diferentes maneras, incluyendo símbolos, códigos energéticos, tonos, sonidos, etc. Esta forma de lenguaje de luz trasciende todos los demás lenguajes, con efectos de tan largo alcance que afectan a todo el cosmos.

*Lenguaje de luz angélica:* Este lenguaje es específicamente para los reinos angélicos y es utilizado por los ángeles. Sus frecuencias son de guía divina, sanación y amor, y a menudo suena melodioso. Este lenguaje se habla con un movimiento que es elegante y armonioso. Con este lenguaje, podremos conectarnos con los ángeles, recibir energías angélicas y canalizar mensajes angélicos. También es un lenguaje excelente para usar cuando busca la ayuda de estos seres divinos.

*Lenguaje de luz cósmica:* Esta forma de lenguaje de luz trasciende reinos específicos. Lleva toda la sabiduría de diferentes entidades cósmicas y civilizaciones galácticas. Se utiliza para transmitir códigos cósmicos y conocimientos de nivel superior que permiten que la conciencia evolucione.

*Lenguaje de luz elemental:* El lenguaje de luz elemental está conectado con los reinos de los elementos y la conciencia de los diferentes espíritus que habitan la naturaleza. Al hablar este idioma, necesitará gestos, símbolos y sonidos para canalizar adecuadamente las energías de los elementos con los que está tratando. Los gestos ayudan a establecer una conexión profunda y fuerte con el mundo de la naturaleza. Este lenguaje trae equilibrio y armonía a su entorno y alienta a los seres elementales a trabajar con usted para el bien.

*Lenguaje del alma:* Esta variante del lenguaje de la luz es la expresión de la esencia de su alma. Comunica las frecuencias de su alma y el propósito para el que existe. Este lenguaje es auténtico. Requiere una comunicación intuitiva y una profunda conciencia de su verdad. Puede usar este lenguaje de luz para ayudarle con la alineación de su alma y descubrir más sobre quién es. Use esta forma de lenguaje ligero para ayudarle a aprovechar sus dones y la sabiduría que lleva.

# El proceso de activación del lenguaje de la luz pleyadiana

Para activar los lenguajes de luz, debe ser capaz de enviar y recibir las frecuencias en alineación con la energía pleyadiana. Su experiencia puede diferir de la de otra persona. La siguiente es una descripción de cómo suele ser el proceso.

**Primero, está el despertar.** En lo profundo de su alma, experimenta un anhelo de conectarse con reinos más allá de lo físico. Por razones inexplicables, desea crecer espiritualmente y aprender todo lo que pueda sobre los mundos más allá de la Tierra. También es posible que se interese más en las estrellas y, en su corazón, sentirá que hay mucho más en su vida de lo que sabe actualmente.

**Luego viene su alineación y la limpieza de energías.** A medida que responden a la llamada para despertar, se encuentran experimentando alineación y limpieza energética. En otras palabras, sus creencias limitantes del pasado, viejos patrones de comportamiento y bloqueos emocionales que impiden que la energía fluya dentro de usted son erradicados. Si quiere acelerar este proceso, debe establecer conscientemente la intención de hacerlo. Manténgase abierto a que la energía curativa fluya a través de usted. La meditación le ayudará con este paso.

**A continuación, experimentará una conexión consciente con los pleyadianos.** A medida que mantenga sus prácticas espirituales diarias como la meditación, la visualización, etc., inevitablemente se abrirá a las energías pleyadianas. Para animarlos a que se presenten por usted, intente conectarse con ellos. Realice rituales de invocación para que sepan que está listo para su sabiduría, frecuencias y activación de energía. Debe asegurarse de que viene de un lugar de amor y no de miedo mientras hace esto.

**A continuación, recibirá códigos de activación y descargas de los pleyadianos.** Estos códigos y descargas energéticas podrían venir como conocimiento intuitivo o símbolos. Es posible que no pueda interpretar la información que contienen en lenguaje humano. Aun así, en un nivel profundo, sentirá que entiende lo que está viendo. Esto se debe a que estas descargas energéticas y códigos de activación se conectan directamente con partes dormidas de usted. Afectan directamente el aspecto dimensional superior de su ser para que puedan expandirse en conciencia.

**Ahora es el momento de la práctica y la integración.** En este punto, debe aprender a permitir que la energía fluya a través de usted y se exprese de la manera que le parezca natural. Es posible que se sienta atraído a tomar un pincel y crear arte. Es posible que se encuentre cantando o cantando durante la meditación, escribiendo automáticamente o simplemente hablando. En este punto del proceso, no permita que su mente consciente le convenza de no continuar. El proceso de activación del lenguaje de la luz pleyadiana está más allá de la lógica, así que no trate de enjaular el proceso con pensamiento lógico y racional. Es un lenguaje del alma.

Debe entender que el proceso de activación de la luz pleyadiana no es algo que sucede una vez y se hace. Es un viaje interminable en el que continúa sumergiéndose más profundamente en la conciencia y obtiene más conocimientos y cambios energéticos en el camino. Esfuércese por nutrir su conexión con las energías pleyadianas, y se expandirá de maneras que nunca creyó posibles. Esta expansión es impresionante y necesaria para toda la humanidad. Es su deber, y no debe rehuirlo. En cambio, agradezca ser parte de una causa tan grande y noble.

## Beneficios de la activación del lenguaje de la luz pleyadiana

La activación del lenguaje de la luz pleyadiana le beneficia en múltiples dimensiones. Después de la activación, experimentará efectos sorprendentes en su vida y su viaje espiritual se acelerará más allá de la imaginación. Uno de los beneficios de la activación de este lenguaje es que su conciencia se expandirá, y accederá a estados dimensionales superiores de conciencia y tendrá una comprensión más profunda de cómo todo en el cosmos está conectado. Esto hará maravillas con sus habilidades de manifestación y le ayudará a sentir más amor y compasión por los demás y por sí mismo.

El lenguaje de la luz pleyadiana es también una excelente herramienta para la sanación energética. A medida que trabaje con este lenguaje, descubrirá que los símbolos, códigos y frecuencias que lleva le ayudarán a estar completo. Dado que lo más probable es que haya experimentado eventos traumáticos a una edad temprana como semilla estelar pleyadiana, este lenguaje puede ayudarle a integrar esos eventos y sanar de las heridas que le dejaron. Además, al trabajar con este lenguaje para equilibrar su sistema de chakras, experimentará una mejor salud mental, física y espiritual.

Otro beneficio de la activación del lenguaje de la luz pleyadiana es que le permite conectarse con sus guías espirituales. Nunca estuvo destinado a ir por la vida solo ni a vivir en completa confusión, sintiéndose perdido todo el tiempo sobre qué hacer a continuación consigo mismo. Es una excelente herramienta para ayudarle a obtener la guía espiritual a la que todos los humanos tienen derecho. No importa a qué situación se enfrente, recibirá el mejor consejo sobre cómo manejarla. A medida que actúe de acuerdo con los mensajes que reciba, se encontrará confiando más en sus guías, y esto solo lo llevará a estar más abierto a las energías dimensionales superiores. En otras palabras, cuanto más confía, más fe tiene en ti una inteligencia superior.

La activación del lenguaje de la luz pleyadiana le permite expresarse poderosamente y tener más confianza en quién es. Esto se debe a que inevitablemente se despoja de lo superficial para que puedas ser más auténtico al expresarte. A medida que trabaje con este lenguaje, descubrirá que elimina todas las formas de duda. Cuando se comunica con los demás, habla desde una posición de poder y amor que es difícil de ignorar y siempre deja a todos los que le escuchan bendecidos de alguna manera. Algo acerca de la activación del lenguaje de luz hace que sea más fácil para usted compartir sus verdades y bendecir a otros con sus dones. Como saben, esto es algo bueno para el despertar colectivo.

Al trabajar con este lenguaje, actualizará constantemente su frecuencia y activará el ADN necesario para convertirse en más de lo que es. Además de eso, descubrirá que su vida se siente más armoniosa y equilibrada que nunca. Dado que la activación del lenguaje de luz equilibra los centros energéticos de su cuerpo, experimentará armonía en mente, cuerpo y espíritu. Esto inevitablemente le llevará a conectarse con otras dimensiones de sí mismo. Como resultado, experimentará una vida de paz, claridad y una gran sensación de bienestar.

# Preparándose para la activación del lenguaje de la luz pleyadiana

Los días y semanas antes de que experimente su activación del lenguaje de la luz pleyadiana, debe tomar medidas para prepararse para el proceso. Aquí hay un tutorial de lo que debe hacer:

**Tómese el tiempo para establecer la intención de la activación del lenguaje ligero y para reflexionar sobre sí mismo.** Sea claro en lo que espera obtener de la experiencia y afirme que está listo para recibir las energías.

**Haga un poco de trabajo interno y limpieza de energía.** Después de la autorreflexión, deben surgir bloqueos emocionales o energéticos que no le servirán. Establezca la intención de borrar estos bloqueos. Escriba un diario para sacar de usted todas las emociones que siente. Busque un terapeuta si puede, y no descuide el acto de la meditación. Despeje la energía estancada y las emociones negativas para crear un ambiente receptivo para que la energía pleyadiana fluya a través de usted y permita la activación del lenguaje de la luz.

**Practique una higiene energética.** Esto significa que debe tener en cuenta el tipo de medios que consumes en este momento. Además, tenga cuidado con los pensamientos que tiene. Haga ejercicios de visualización en los que despeje su energía y limpie su aura. Además, asegúrese de estar conectado a tierra.

**Pase tiempo en la naturaleza. Puede caminar descalzo por el parque.** La naturaleza tiene energías que le ayudan a conectarse con la tierra y a mantenerle alineado con su auténtico yo. Cuando logre esta alineación, le será más fácil conectarte con las frecuencias pleyadianas.

**Esfuércese por expandir su conciencia.** Esto significa meditación, prácticas de atención plena y trabajo de respiración. Esto le ayuda a mantenerse conectado a tierra y presente. Recuerde que no podrá recibir la activación del lenguaje de la luz pleyadiana si no sabe cómo enraizarse en el aquí y ahora.

**Trabaje con afirmaciones y ejercicios de visualización.** Usando la visualización, puede imaginar que ya esté conectado a las frecuencias pleyadianas y ha experimentado la activación. Imagine que estas experiencias han tenido lugar en su pasado, porque eso le facilita aceptar que es un trato hecho. Las afirmaciones también son excelentes para programar tu mente para prepararte para la activación. Afirme que está listo y en paz con lo que sea el proceso.

**Cuídese mucho.** Involúcrese solo en actividades que alimenten su mente, cuerpo y espíritu con buena energía. Puede practicar yoga o tai chi, ir a sesiones de sanación energética y esforzarse por permanecer en un estado de relajación y alegría.

**Finalmente, debe permanecer en un estado de entrega y confianza.** Confíe en que la activación ocurrirá cuando debería, ni antes ni después. Ríndase al proceso como sea que se desarrolle para usted. Esto significa que debe dejar de lado cualquier expectativa que pueda tener al leer o aprender sobre la historia de activación de otra persona. No se apegue demasiado a resultados específicos para que no se sienta decepcionado si no se desarrolla de esa manera. Además, dese cuenta de que estar apegado a los resultados hace que sea casi imposible para usted experimentar la activación del lenguaje de la luz pleyadiana.

Ahora ya sabe qué hacer para prepararse para este evento. Es hora de ver los pasos para activar el lenguaje de la luz en su vida.

1. Establezca un espacio sagrado que sea tranquilo y libre de distracciones. Puede hacer que la energía de ese espacio sea positiva encendiendo incienso, difuminándolo o encendiendo velas.
2. Céntrese para desarrollar una base sólida energéticamente hablando. Para ello, cierre los ojos, respire profundamente e imagine que las raíces se extienden desde los pies hasta el suelo. ¿Sentado en posición de loto? Imagine las raíces conectando sus glúteos con la Tierra. Observe la energía roja o blanca que fluye desde la Tierra hacia usted, haciéndole sentir arraigado y seguro.
3. Establezca sus intenciones. Asegúrese de que sean claras. Piense en lo que planea obtener de la experiencia. ¿Quiere orientación, sanación o que su conciencia se expanda? Sea claro y audaz a la hora de establecer estas intenciones.
4. Visualice todas las energías negativas estancadas que actúan como bloqueos energéticos dentro de su cuerpo y mente que fluyen fuera de usted a través de las raíces debajo de usted hacia la Tierra. Mientras lo hace, asegúrese de seguir respirando profundamente y, con cada exhalación, imagine que su cuerpo se vuelve más ligero y flexible. Haga esto el tiempo suficiente, y comenzará a sentir energía pura y vibrante fluyendo a través de usted.
5. Abra sus portales energéticos. Imagine una columna de luz blanca que fluye desde el cielo a través de la parte superior de su cabeza o de su chakra de la corona, moviéndose hacia abajo a través de los otros chakras hasta que termina en el chakra raíz.
6. Ahora, es el momento de conectarse con las energías pleyadianas. Visualice un rayo de luz blanca amorosa o una esfera que le abarque. Esta luz es la energía pleyadiana. Manténgase abierto a todos los regalos que tienen para usted mientras siente esta luz moviéndose a través de usted y a su alrededor.
7. Invoque verbalmente la presencia de los pleyadianos. Hágales saber que está agradecido de que estén aquí para ayudarle. Puede permitirse sonreír si lo desea porque esto elevará su frecuencia y hará que sea más fácil para ellos comenzar el proceso.
8. Deje que el lenguaje de la luz pleyadiana fluya a través de su cuerpo y mente. Confíe en lo que está sucediendo sin tener ninguna resistencia o juicio sobre lo que está sintiendo. Si siente

que debe mover su cuerpo de cierta manera, deje que su cuerpo fluya. Si siente la necesidad de empezar a cantar, hablar, corear o cualquier otra cosa, hágalo. Ríndase a lo que sea que esté sucediendo en el momento.

9. Puede saber cuándo ha finalizado la activación porque siente una sensación de finalización. En este punto, debe tomarse un tiempo para integrar su experiencia. Es posible que haya recibido percepciones o haya sentido un cambio dentro de usted. Revise la experiencia en su mente y exprese su gratitud a los pleyadianos. Agradezca a su ser superior por su papel en el proceso porque ayudó a facilitar el proceso de activación del lenguaje de luz.

Tenga en cuenta que puede realizar los cambios que desee en este proceso. Por encima de todo, siempre debe seguir lo que su intuición le lleva a hacer.

## Uso del sonido y el movimiento

Como probablemente haya deducido, trabajar con sus chakras es esencial para activar el lenguaje de la luz. Cada uno de los centros de energía que lleva tiene un sonido específico que se puede usar para activarlo. Las siguientes son las sílabas semilla de cada chakra:

Trabajar con los chakras es necesario para activar el lenguaje de luz [20]

*Chakra Raíz (Muladhara)*

Sílaba semilla: "LAM"

Pronunciado: "lahm"

*Chakra Sacro (Swadhisthana)*

Sílaba semilla: "VAM"

Pronunciado: "vahm"

*Ciclo del plexo solar (Manipur)*

Sílaba semilla: "RAM"

Pronunciado: "rahm"

*Chakra del corazón (ileso)*

Sílaba semilla: "YAM"

Pronunciado: "yahm"

*Ruedas de empuje (vishud)*

Sílaba semilla: "HAM"

Pronunciado: "hahm"

*Chakra del Tercer Ojo (Ajna)*

Sílaba semilla: "OM" o "AUM"

Pronunciado: "ohm" o "aum"

*Chakra de la Corona (Sahasrara)*

Sílaba semilla: "NG" u "OM"

Pronunciado: "ng" u "ohm"

En cuanto al movimiento, puede hacer uso de los mudras de las manos. Estas son posiciones específicas en las que sostiene sus manos y dedos para permitir que la energía fluya a través de su cuerpo. Aquí hay mudras que puede usar para cada chakra.

*Chakra Raíz (Muladhara)*

**Mudra:** Prithvi

**Colocación de la mano y los dedos:** Coloque la punta del dedo anular contra la del pulgar y extienda los otros dedos.

**Efectos:** Esto estimulará su chakra raíz y le mantendrá con los pies en la tierra. También reduce la ansiedad y le ayuda a sentirte más seguro.

### *Chakra Sacro (Swadhisthana)*

**Mudra:** Varuna

**Colocación de la mano y los dedos:** Toque las puntas de su dedo meñique y pulgar entre sí mientras los otros dedos permanecen extendidos.

**Efectos:** Este mudra está conectado con el elemento agua. Despertará su chakra sacro, le ayudará a ser más creativo y le dará un mejor control de tus emociones. También es excelente para ayudarle a atraer la abundancia y aumentar su bienestar.

### *Ciclo del plexo solar (Manipur)*

**Mudra:** Agni

**Colocación de la mano y los dedos:** Presione la punta del dedo medio en el pulgar en la base. Doble el pulgar sobre el dedo medio para tocar los dedos anular y medio mientras el dedo índice permanece extendido.

**Efectos:** Despertará su chakra del plexo solar y encenderá su fuego interior. Esto es ideal para la digestión, un metabolismo más rápido, un aumento de la energía, la fuerza de voluntad, la confianza y la fuerza interior.

### *Chakra del corazón (íleso)*

**Mudra:** Hridaya

**Colocación de la mano y los dedos:** Junte las puntas de los dedos medio, índice y pulgar mientras los otros dedos permanecen extendidos.

**Efectos:** A este mudra se le llama el "sello del corazón". Le ayudará a restablecer el equilibrio de su chakra del corazón. Al usarlo, sentirá armonía, compasión y amor. También le resultará más fácil sanar y perdonar.

### *Ruedas de empuje (vishud)*

**Mudra:** Brisa

**Colocación de la mano y los dedos:** Entrelace los dedos con ambas manos y coloque el pulgar izquierdo sobre el derecho. Extienda los dedos medios, presionándolos mientras apuntan al cielo.

**Efectos:** Este mudra despierta el chakra de la garganta, mejorando su expresión, comunicación con los demás y su creatividad. Puede ayudarle a hablar con honestidad y claridad, y traer armonía a su mente.

### *Chakra del Tercer ojo (Ajna)*

**Mudra:** No

**Colocación de la mano y los dedos:** Junte las yemas de los dedos en ambas manos, con las palmas una frente a la otra. Los dedos deben estar extendidos, hacia arriba y con cierta distancia entre ellos.

**Efectos:** Este mudra le ayudará a abrir el tercer ojo y le dará perspicacia, intuición y concentración. Puede hacer esto cuando medita y quiere profundizar. Le ofrece sabiduría interior y le abre las puertas a una conciencia superior.

### *Chakra de la Corona (Sahasrara)*

**Mudra:** Shunya

**Colocación de la mano y los dedos:** Doble el dedo medio y presione la punta contra el pulgar en la parte inferior. Los otros dedos deben permanecer extendidos.

**Efectos:** Shunya activará su chakra de la corona, conectándole más con los mundos espirituales. Será más consciente y experimentará la vida desde una perspectiva trascendente. Use esto para aquietar su mente y ayudarle a ser más receptivo a la guía pleyadiana. Este mudra le hace uno con el universo y le ayuda a despertar espiritualmente.

Una nota final: No se sorprenda si siente la inclinación de bailar. Permítase moverse libremente. Si permite que la energía fluya, lo más probable es que sus movimientos sean elegantes y fluidos, tal como lo son los pleyadianos.

Ahora, ¿cómo le gustaría poder conectarse con un guía pleyadiano real? Si no está seguro de por dónde empezar, no se preocupe. El siguiente capítulo le mostrará cómo hacerlo.

# Capítulo 9: Conectando con un guía pleyadiano

## Tu guía pleyadiano

Como semilla estelar pleyadiana, definitivamente tiene un guía pleyadiano. En términos generales, los pleyadianos tienen una fuerte afinidad por la humanidad. A nivel individual, las semillas estelares pleyadianas tienen guías para ayudarlos a lo largo de su viaje de vida y evolución espiritual. Su observador pleyadiano es omnisciente y benévolo, y para tener una conexión adecuada con él, debe entender el papel que está aquí para desempeñar en su vida.

El guía pleyadiano es un mentor espiritual [80]

En primer lugar, su guía pleyadiano es un mentor espiritual que trabaja con usted para ofrecerle todo el apoyo y la orientación que necesita. Inevitablemente habrá momentos en los que no sepa qué hacer con una situación. Es en momentos como estos que su guía está presente. Los guías han hecho que su única misión sea ayudarlos con su evolución y despertar. Lo maravilloso de ellos es que le ofrecen una visión mucho más elevada y amplia de la vida, la espiritualidad y lo que su alma está aquí para lograr. La mayoría de las veces, su guía le conoce mejor de lo que usted se conoce a sí mismo. Esto es importante porque pueden ofrecerle una comprensión más profunda de por qué está pasando por los desafíos que enfrenta y los caminos que puede usar para superarlos.

Los guías pleyadianos son conocidos por ofrecer apoyo emocional y energético. De vez en cuando, la vida le sacudirá con algo tan traumatizante que experimentará bloqueos emocionales. Se da cuenta de que no eres capaz de acceder a las energías universales con facilidad como solía hacerlo. Su guía pleyadiano puede ayudarlo siempre que todo esté al revés y nada salga como usted quiere. Tienen la ventaja de ver dónde está bloqueado (energéticamente) y cómo puede deshacerse de él. Cuando involucra a su guía en todos los aspectos de su vida, vivirá una vida armoniosa y equilibrada.

Expandir su conciencia y despertar a su lado espiritual no es tarea fácil; Necesitará ayuda. No hay mejor ser que pueda ofrecer esta ayuda que su guía. Él se asegura de que pueda elevar su vibración y acceder a niveles más altos de conciencia. Lo hará ayudándole a desbloquear su potencial espiritual que ha permanecido latente todo este tiempo.

Su guía también se asegura de que experimente la sanación en todos los niveles y le guiará hacia prácticas energéticas y emocionales que le ayuden a volver a estar completo. Esta sanación y plenitud son necesarias para que exprese su potencial más elevado.

Si está confundido acerca del propósito de su vida o en qué contratos del alma puede estar involucrado, su guía pleyadiano puede ayudarle. Puede pedirle a su guía que le revele información valiosa de sus vidas pasadas. Si lo desea, pueden ayudarle a comprender las conexiones kármicas que tiene en el presente, así como las lecciones que debe aprender y las experiencias que ha elegido para usted como alma. Sus guías también pueden ayudarle a desarrollar una conexión más profunda con los reinos superiores y una mejor intuición y otros dones espirituales, por lo que le resulta más fácil conectarse con lo divino.

Es posible que se haya preguntado por qué termina en ciertas situaciones difíciles si se supone que debe tener un guía que siempre le cuida. Tenga en cuenta que los pleyadianos siempre respetarán su libre albedrío. Nunca infringirán sus elecciones personales. Lo mejor que pueden hacer es ofrecerte apoyo y orientación a través de su intuición, pero si ignora esa orientación, las consecuencias recaen sobre usted.

Recuerde que la relación de cada semilla estelar con su guía no es un cortador de galletas; No espere que sus experiencias reflejen las de otra persona. Si quiere aprovechar todo lo que conlleva tener una relación con su guía pleyadiano, debe mantenerse abierto a ellos. Debe confiar en ellos plena e implícitamente y hacer todo lo posible para comprometerse con ellos. Este capítulo proporciona orientación sobre cómo puede fomentar esa relación.

## Creando un espacio sagrado

Crear un espacio sagrado para conectarse con su guía pleyadiano es vital. Cuando tiene un espacio sagrado, las probabilidades de profundizar tu conexión con esta entidad y obtener su guía aumentan drásticamente. Piense en el espacio sagrado como un contenedor que separa su práctica de cualquier otra cosa mundana. Por lo tanto, cada vez que entra en su espacio sagrado, deja atrás todos los pensamientos y energías no esenciales que podrían distraerle de la tarea. De esta manera, puede alinearse con su guía y sacar el máximo provecho de su sesión con ellos. Las siguientes son algunas sugerencias para crear un espacio sagrado para su práctica espiritual.

*Elija una ubicación.* Su espacio sagrado puede ser al aire libre o en el interior. Todo lo que importa es que sea un lugar cómodo, privado y sin distracciones. También quiere que sea una parte de la habitación con la que se identifique profundamente. Tal vez sea solo una esquina, el centro de un jardín o un altar que haya instalado. Cuando elija este lugar, solo debe usarlo para su práctica espiritual. De esta manera, puedes seguir construyendo la energía para que sea más fuerte. También programa su mente subconsciente para que sea más receptiva a los mensajes de su guía.

*Ahora, es el momento de limpiar y despejar el lugar.* El hecho de que haya elegido un lugar no significa que sea todo lo que se requiere para deshacerse de cualquier energía persistente que pueda no servirle, y es por eso que practicas la limpieza y limpieza energética. Puede rociar el lugar con agua salada o difuminar con palo santo o salvia. También puede usar cuencos tibetanos y campanas para ayudar a despejar y limpiar la energía. Es importante que cada vez que quiera utilizar este espacio, limpie también su energía. Esto significa dejar de lado cualquier emoción negativa o pensamiento perturbador que le moleste. También es una buena práctica tomar un baño de sal, beber salvia o meditar primero.

*Establezca su intención para su espacio sagrado.* Su intención debe ser su deseo de conectarse con su guía pleyadiano y recibir lo que más necesite. Visualice su intención como una energía que es amor y luz.

*Si aún no tiene uno, construya un altar.* No tiene por qué ser complicado, ni es necesario. El altar podría ser un estante, una mesa o algún área donde puedas colocar objetos que te importen o que resuenen con su trabajo de energía pleyadiana. Puede poner velas, imágenes de santos, símbolos, mandalas, cristales o lo que quieras en su altar. Algunos cristales excelentes con los que puede querer trabajar para aprovechar la energía pleyadiana incluyen labradorita, cuarzo azul y amatista.

*Incorpore todos los elementos en su espacio sagrado.* Los cuatro elementos clásicos son la tierra, el aire, el fuego y el agua. Puede tener una pequeña planta en maceta, sal o tierra para extraer la energía del elemento tierra. Use incienso para representar el elemento aire. Una vela encendida pone en juego el elemento fuego. Finalmente, un pequeño cuenco de agua en tu altar o en cualquier otro lugar de su espacio sagrado traerá la energía del agua.

*Coloque símbolos y arte pleyadianos a su alrededor.* Podría ser una simple imagen de las Siete Hermanas u otra simbología pleyadiana con la que resuene. Además, piense en el ambiente y la iluminación de su espacio sagrado. Es posible que desee mantenerlo tenue, por lo que eso significa usar velas. Las luces LED también están bien, si pueden crear el ambiente que busca.

*Haga sus ofrendas.* Podría ofrecer cualquier cosa significativa para mostrarle al guía pleyadiano que se dedica a desarrollar su relación con ellos. Su ofrenda puede ser cualquier cosa, desde flores y oraciones hasta cristales y comida.

Ahora que tiene su espacio sagrado, debe mantenerlo seguro, limpio y sin molestias. Recuerde que el propósito de este lugar es profundizar su conexión, cultivar energía y hacer que su guía se presente para usted de manera destacada todos los días. Respete el espacio sagrado. Úselo diariamente para intensificar la energía positiva de las Pléyades y afectar su vida positiva y profundamente.

# Ejercicios de visualización guiada

En esta sección, aprenderá cinco ejercicios de visualización guiada que pueden ayudarle a conectarse con su guía pleyadiano.

1. **El viaje de la unidad celestial:** Después de meditar durante 5 a 10 minutos, nota cómo tu mente está más tranquila. Con los ojos cerrados, imagínese de pie en un prado. Esta pradera es exuberante. En lo alto está el cielo nocturno como un dosel estrellado. En su mente, observa a las hermanas pleyadianas mientras cuelgan sobre usted. Fíjese en el cálido resplandor de su energía. Ahora imagine que de las Siete Hermanas, desciende un rayo de luz celestial. Esta luz se mueve por todas partes. Pasa a través de usted, y luego se convierte en una esfera a su alrededor. Deje que la luz le levante de los terrenos de la pradera y luego al aire. Deje que le eleve más alto hasta que flote ante las siete hermanas en toda su gloria. Ahora observe que su cuerpo se desvanece gradualmente y se convierte en una luz, al igual que la luz que le rodea. Permitan que su energía de luz se fusione con la de las Pléyades hasta que sean uno con ella.

2. **Jardines etéreos pacíficos:** Visualice entrar en un jardín etéreo con todas las flores imaginables. Todas las flores florecen brillantemente. El paisaje que tiene ante usted no es más que hermoso. Todo se ve sereno y le calma. Mientras está parado en el jardín, observa la suave brisa que sopla. Dese cuenta de que esta brisa no es más que energía pleyadiana. Esta brisa lleva el amor y la sabiduría pleyadianos. Sienta la brisa moviéndose a su alrededor todo el tiempo que quiera. Cuando esté listo, inicie una conversación con su guía. Hágale saber sus inquietudes y confíe en que recibirá una respuesta en ese momento o más tarde.

3. **Los caminos del despertar:** Imagine que está en un camino celestial de oro, diamantes y estrellas brillantes. A medida que sube cada escalón, recuerda la sensación de estar con su familia pleyadiana. Sienta la alegría de reunirse con alguien perdido hace mucho tiempo mientras sube estos escalones. En la parte superior de las escaleras hay un ser de luz. Este es su guía pleyadiano. Acérquese a él con amor en su corazón, y cuando llegue al último escalón, salúdelo con un cálido abrazo. Dígale todo lo que le gustaría y luego dele una cálida sonrisa al terminar la conversación y dele las gracias.

4. **El templo cósmico:** Para este ejercicio, imagine que entra en un templo sagrado. Este templo brilla con una luz iridiscente. Se da cuenta de que los patrones de luz se reproducen en el aire al entrar en el templo. Imagine estas luces moviéndose a su alrededor y a través de usted, llenándole de una profunda sensación de paz. Continúe caminando por el templo hasta que se encuentre con una cámara especial. Esta cámara pertenece a su guía pleyadiano. Entre en el santuario prestando atención a los hermosos símbolos y la geometría sagrada que le rodea. Ahora siéntese con su guía y comulgue con él con energía o palabras.

5. **Ascensión luminiscente:** Imagínese a usted mismo envuelto en un capullo de luz. Esta luz es como el oro líquido, pero brilla como las estrellas. Sienta cómo su cuerpo se relaja mientras descansa en este capullo. Observe cómo su conciencia se expande, ocupando más espacio del que puede ocupar tu cuerpo físico. Ahora, imagine que su guía pleyadiano se acerca lleno de luz. Puede sentir el amor vibrando. Imagine que su guía le tiende la mano. Con una oleada de energía, se abren paso juntos hacia los reinos celestiales. A medida que viaja a través de las estrellas, siente el poder transformador que fluye de su guía hacia usted. Lo ve como la luz de la palma de su mano moviéndose hacia la suya, irradiando a través de todo su cuerpo. Esta vida está llena de amor, sabiduría y perspicacia que puede usar en su vida de vigilia.

Al trabajar con estas visualizaciones guiadas, le resultará fácil conectarse con su guía pleyadiano. Puede recibir de ellos toda la orientación que desee. Solo asegúrese de que antes de comenzar estos ejercicios, tenga la mente tranquila y esté en su espacio sagrado.

## Otras técnicas de meditación

### Meditación con mantras y respiración

1. Comience por sentarse en una posición cómoda. También es útil tener ropa cómoda. Lleve su atención a su respiración.

2. Inhalar. Cuando exhale, puede repetir un mantra relacionado con su intención de conectarse con su guía pleyadiano. Un ejemplo de un mantra podría ser: "Estoy abierto" o "Estoy listo".

3. Mantenga su atención en su respiración y en su mantra para ayudarle a aquietar su mente para que pueda estar en el estado adecuado para recibir la comunicación de su guía pleyadiano.

4. A medida que los pensamientos vengan a su mente (y lo harán), note que se ha distraído y luego libere suavemente los pensamientos. No se castigue por distraerse constantemente. En lugar de eso, alégrese de haberlo notado, luego vuelva a centrar su atención en su respiración y en el mantra.

5. Continúe esta meditación durante el tiempo que le resulte cómodo y mantenga la mente abierta a cualquier orientación o idea que pueda surgir.

**Escaneo corporal**

1. Primero, acuéstese o siéntese cómodamente y luego cierre los ojos.

2. Lleve su atención a su respiración. Inhale y exhale lo más profundamente que puedas para relajar su cuerpo. Cambie su conciencia al aquí y ahora.

3. Comience con la parte superior de la cabeza para escanear tu cuerpo. Va a trabajar hasta los dedos de los pies.

4. A medida que presta atención a cada parte de su cuerpo, observe si hay alguna opresión o tensión, y luego inhala profundamente. Al exhalar, libera la tensión en esa parte del cuerpo. Es posible que tenga que hacer esto varias veces antes de pasar a la siguiente parte de su cuerpo. Cuanto más profundo pueda relajarse, más fácil será recibir los mensajes. Por lo tanto, no tenga miedo de volver a tu cabeza y comenzar el proceso de relajación de nuevo tan pronto como haya terminado con los dedos de los pies.

5. Cuando su cuerpo se sienta completamente relajado, en el ojo de su mente, vea una columna de luz que fluye desde la base de su columna vertebral hasta la parte superior de su cabeza.

6. Observe que a medida que la luz sale disparada por la parte superior de su cabeza, se conecta con las energías superiores en el cielo sobre usted.

7. Mantenga su atención en esta conexión que ha creado, y usando sus palabras o intención, pídale a su guía pleyadiano que esté presente.

**Establecer una conexión a través del sonido**

1. Puede poner música relajante si lo desea. Una búsqueda rápida en Internet debería mostrarte listas de reproducción que son excelentes para atraer la energía pleyadiana.

2. Acuéstese o siéntese cómodamente.
3. Cierre los ojos y preste atención a la música. Deje que el sonido le llene y le ayude a sintonizarse con las vibraciones superiores de las Siete Hermanas.
4. Mientras escucha el sonido, exprese la intención de conectarse con su guía. Sienta amor y aprecio por ellos porque sabe que aparecerán.
5. Cada vez que surjan pensamientos o distracciones, observe que se ha distraído. Vuelva a prestar atención a la música y al sentimiento de amor y aprecio.

**Meditar con la naturaleza**
1. Busque un lugar sereno y tranquilo al aire libre. Podría ser la playa, el jardín o cualquier otro lugar.
2. Siéntese o camine tranquilamente mientras disfruta de la belleza de su entorno.
3. Observe cómo la conexión entre usted y el mundo natural se intensifica cuanto más tiempo está allí. Esto es bueno porque los pleyadianos también están conectados con la sabiduría y la armonía de la naturaleza.
4. Continúe disfrutando de la paz de su entorno mientras pide que su guía pleyadiano se una a usted. Esté abierto a que su guía elija comunicarse con usted a través de la naturaleza misma.
5. Mientras esté allí, mantenga la mente abierta a cualquier símbolo o intuición que pueda surgir dentro de usted mientras se sienta o camina en meditación.

Todo esto funcionará mejor si mantiene una mente abierta. Sus intenciones de establecer un vínculo con su guía deben venir del corazón, y debe mostrar sinceridad. Tenga en cuenta que puede llevar algún tiempo y práctica antes de conectarse con su guía. Sin embargo, eso no significa que sus ejercicios diarios no estén funcionando. Debe tener paciencia y seguir adelante.

# Uso de péndulos

Un péndulo es una excelente herramienta para conectarse con su guía pleyadiano y comunicarse con ellos. ¿Se pregunta qué es un péndulo? Es un objeto pequeño y pesado que cuelga de una cuerda o una cadena. Sosteniendo el péndulo por la cadena, puede balancear el objeto hacia adelante y hacia atrás o en círculos. El péndulo es una herramienta de adivinación que se ha utilizado durante siglos y se considera confiable. Lo mejor del péndulo es que le ayuda a conectarse con su intuición y las energías dimensionales superiores que le rodean. Sin más preámbulos, aquí le explicamos cómo usar el péndulo para comunicarse con su guía.

**Primero, debe elegir un péndulo.** Podría ir a una tienda de arte y manualidades de la nueva era. O puede hacer uno usted mismo si lo desea. Lo importante es elegir materiales que resuenen con usted y con la energía pleyadiana. Tendrá que conectarse con su péndulo, por lo que no puede elegir el primero que encuentre. Cuando tenga el adecuado en sus manos, lo sabrá.

**A continuación, debe dejar claras sus intenciones.** Antes de usar su péndulo, asegúrese de saber lo que quiere lograr. En este caso, debe comunicarse con su guía. Por lo tanto, tómese unos minutos para concentrarse en esa intención.

**Ahora que su intención está establecida, es hora de energizar y limpiar su péndulo.** Es posible que su péndulo haya sido manejado por muchas personas antes, por lo que es importante eliminar sus energías para que no interfieran con tu práctica. ¿Cómo limpia y energiza su péndulo? Use salvia para difuminarlo, póngalo a la luz de la luna o pon cristales a su alrededor.

**Es hora de calibrar su péndulo.** No puede empezar a usar un péndulo de inmediato. Establezca en qué direcciones se balancea cuando dice "sí", "no" y "tal vez". Primero, sostenga la cuerda o cadena del péndulo entre el dedo índice y el pulgar. Esto debería permitir que el peso en el otro extremo se balancee libremente. Mantenga la mano firme y observe lo que hace el péndulo cuando está neutral. A continuación, hágale preguntas que obviamente tengan respuestas afirmativas. Fíjese en la dirección en la que se balancea cuando responde a sus preguntas afirmativas. Luego hágale preguntas que obviamente tengan un "no" como respuesta. Fíjese en la dirección del columpio. Por último, formule preguntas que tengan respuestas ambiguas. Este paso es importante porque es la forma en que descubre lo que le dice su péndulo o lo que le dice su guía usando su péndulo más adelante.

**Haga preguntas de sí o no.** Después de calibrar su péndulo y pasar un tiempo meditando en su espacio sagrado, es hora de hacerle algunas preguntas a su guía. Comience con preguntas que sean fáciles de responder para que pueda usarlas como referencia para conectarse con su guía. Puede hacerle estas preguntas a su guía en voz alta o en su mente. No importa.

***Tiene que interpretar las respuestas de su péndulo.*** Observe los patrones, la dirección y la velocidad a la que oscila su péndulo. A medida que hace preguntas, debe asegurarse de aprovechar su intuición y confiar plenamente en ella. Cuanto más confíe en su intuición al interpretar las respuestas, más precisas serán sus interpretaciones.

***Mantenga su enfoque.*** Debe mantenerse con los pies en la tierra durante todo el proceso. Ahora no es el momento de preocuparse por otras cosas en su vida. Mantenga la calma y los pies en la tierra. Supongamos que siente que estás perdiendo el control de una sesión. En ese caso, todo lo que necesita es hacer una pausa e inhalar y exhalar profundamente, imaginando raíces rojas que surgen del suelo debajo de usted y se conectan con su cuerpo. Imagine toda la energía nerviosa como una sustancia negra y humeante que fluye a través de esas raíces hacia la tierra. Deje que el humo le abandone para siempre, sintiéndose más tranquilo.

***Ofrezca su agradecimiento y libere la energía.*** Cuando haya terminado de comunicarse con su guía pleyadiano, es hora de agradecerle su ayuda. Después de agradecerles, suelte la conexión energética que ha establecido a través de su péndulo.

Nunca olvide que su péndulo es una herramienta que le permite conectarse con su conocimiento interno y su guía superior, y no reemplaza su intuición. Solo está destinado a ayudarle a conectarse con su guía pleyadiano. Por lo tanto, debe practicar el discernimiento a medida que interpreta los mensajes que llegan. Además, cuanto más practique el trabajo con su péndulo, más precisas serán las respuestas.

## Uso de tarjetas del Oráculo

1. Elija una baraja de cartas del Oráculo. Podría optar por un mazo que tenga imágenes pleyadianas si puede encontrarlo.
2. Establezca su intención. ¿Qué tipo de mensajes le gustaría recibir de su guía? Diga su intención en voz alta o fíjela en su mente.
3. Baraje las cartas. Mientras baraja, sea amable al respecto y mantenga su atención en su intención. Imagine su intención como una luz blanca que fluye a través de las palmas de sus manos y hacia las cartas. Mientras lo hace, rece una oración rápida para invitar a su guía pleyadiano.

4. Cuando esté listo, robe una carta. Debe asegurarse de estar en contacto con su intuición mientras lo hace. Si le ayuda, puede elegir un método específico para robar cartas. Por ejemplo, puede extender las cartas en un abanico o en línea recta y robar la que le llame.
5. Ahora, mire la tarjeta y observe las imágenes en ella. Si tiene geometría o texto sagrado, considere lo que eso significa. Reflexione sobre la conexión entre lo que quiere aprender y lo que ve en la tarjeta. Confíe en su intuición a medida que los pensamientos surjan en su mente.
6. Saque su diario y escriba su experiencia. Tome nota de todo lo relacionado con su interpretación de la carta y las sensaciones, emociones y pensamientos que surgieron mientras trabajaba con ella. Llevar un diario es bueno porque le permite integrar lo que ha descubierto en lugar de olvidarlo. Por lo tanto, resista la tentación de omitir este paso.
7. Puede robar otra carta si necesita más aclaraciones sobre cualquier tema. Robe tantas cartas como necesite para obtener claridad. Recuerde, no se trata solo de elegir las cartas, sino de enfocarse en ellas y ver lo que revela su intuición.
8. Por último, reflexione sobre todo lo que ha aprendido y descubra cómo aplicar esas lecciones de forma práctica a su vida diaria.

## Uso de cristales

Los cristales son una herramienta eficaz que puede utilizar para amplificar las conexiones pleyadianas. Para conectarse con su guía, considere la posibilidad de trabajar con estas gemas. Aquí hay un proceso paso a paso que puede usar:

1. Primero, seleccione sus cristales. Lo ideal es elegir cristales que irradien energía pleyadiana. Los mejores para el trabajo energético incluyen cuarzo transparente, amatista, celestita, lapislázuli y cianita azul. Si su intuición te lleva a otras piedras además de las de esta lista, siéntase libre de incorporarlas.
2. A continuación, tiene que energizar y limpiar sus cristales. Para asegurarse de que su energía sea pura, debe exponerlos bajo el agua para eliminar la energía residual de otras personas que pueden no servir para sus propósitos. Alternativamente, puede difuminar sus cristales con palo santo o salvia. Cuando haya

terminado, puede cargar sus cristales a la luz de la luna o de la luz del sol, o enterrándolos en la tierra durante la noche. También puedes sostenerlos en sus manos, establecer su intención de recargar sus cristales e imaginar que esa energía fluye a través de sus palmas y hacia sus cristales.

3. A continuación, debe infundir estos cristales con energía pleyadiana. Puede pedirle a su guía que le ayude con este proceso. Alternativamente, imagine a las Siete Hermanas irradiando luz directamente a los cristales frente a usted.

4. Ahora es el momento de meditar con sus cristales en su espacio sagrado. Puede poner los cristales en su cuerpo o sostenerlos en sus manos. Si los pone en su cuerpo, puede colocarlos sobre los distintos centros de chakras. Cierre los ojos y comience a respirar profundamente para relajarse. A medida que flota más profundamente en la relajación, imagine que la energía de las Pléyades le está llenando, amándole y apoyándole.

5. Abra su corazón y su mente para recibir todos los mensajes del reino pleyadiano de la existencia. Preste atención a cualquier sensación, imagen o percepción que destelle en su mente mientras medita. Como siempre, mantenga una actitud de confianza y apertura.

6. Finalmente, es hora de que exprese su gratitud e integre su experiencia. Agradezca a su guía por venir una vez más, y luego tómese un tiempo para escribir en un diario todo lo que experimentó y notó durante su práctica. La integración también implica pensar en formas de tomar lo que ha aprendido y ponerlo en práctica en su vida diaria.

¿Quiere mejorar en el contacto con su guía pleyadiano usando cristales? Practique regularmente. Cuando se mantiene consistente con ella, solo aumentará su competencia y su conexión con las energías pleyadianas con el tiempo.

## Canalización intencional

La canalización intencional es permanecer abierto a los mensajes de los seres de dimensiones superiores. Muchas personas asumen que canalizar es lo mismo que estar poseído, pero ese no es el caso, ya que está a cargo de su cuerpo durante todo el proceso. Los siguientes son pasos a seguir para practicar la canalización intencional.

1. Prepare su espacio sagrado con cristales, velas, buena música y cualquier otra cosa que necesite. Asegúrese de que no haya nada que le distraiga de su tarea.
2. Ahora debe conectarse a tierra y centrarse para asegurarse de tener una conexión poderosa con las energías de los guías pleyadianos. Si quiere conectarse a tierra, respire profundamente e imagine raíces que salen de sus pies o glúteos y se adentran en la Tierra. También puede imaginar un rayo de luz que se dispara desde la parte superior de su cabeza hacia el cielo, conectando con las Siete Hermanas.
3. Ahora es el momento de establecer su intención lo más claramente posible. Declare que está listo para recibir una comunicación clara de su guía. Diga que desea que estos mensajes sean para su mayor bien.
4. Es el tiempo de recurrir a la protección y la luz divinas. ¿Hay otras entidades con las que esté acostumbrado a trabajar? Puede pedirles que formen parte del proceso. Pídales que estén presentes y que le protejan de la energía que puede tratar de secuestrar el proceso de canalización. También ayuda imaginar una esfera de luz dorada a su alrededor que mantiene a raya toda forma de maldad y ninguna energía vibratoria.
5. Ahora es la ocasión de meditar. Permita que su cuerpo se relaje y su mente se tranquilice mientras lo hace. Use cualquier técnica de meditación que funcione para usted. Lo ideal es que sienta que su conciencia se expande hacia afuera. A medida que se expanda, se abrirán más a las energías superiores que los rodean.
6. El siguiente paso es mantener la mente y el corazón abiertos mientras se conecta con su guía pleyadiano. Haga cualquier pregunta que tenga. Comparta sus preocupaciones o intenciones. Debe rendirse y estar completamente abierto para que su presencia y sabiduría puedan fluir a través de usted. Debe ser paciente consigo mismo y con ellos y tener una confianza implícita en el proceso.
7. Observe las imágenes, las palabras, los símbolos, los sentimientos y las impresiones que surgen para usted a medida que canaliza esta energía. Si necesita expresar sus mensajes a través de la palabra hablada, hágalo. Solo asegúrese de tener un dispositivo de grabación que capture todo lo que está diciendo. También es

posible que prefiera permitir que la información fluya a través de usted mediante la escritura automática. En este caso, debe tener un bolígrafo y un bloc de notas listos y permitir que su mano se mueva como se sienta. No importa cuán confusos o abstractos parezcan los mensajes, este no es el momento de tratar de analizarlos. Puede hacer su análisis cuando hayas terminado con su canalización. A medida que escuche o lea lo que ha escrito o hablado, asegúrese de tomar nota de las ideas y buscar formas de basarlas en la realidad.

8. Ahora es el momento de dar las gracias a su guía pleyadiano por aparecer y responder a sus preguntas. Agradézcale por su constante presencia y amor en su vida, y luego termine la sesión energética con gratitud.

Ahora ha dominado los diversos procesos para conectarse con su guía pleyadiano. Bueno, ¿y ahora qué? La evolución de su alma no es solo para propósitos egoístas. Tiene la tarea de convertirse en un trabajador de la luz. Pero, ¿de qué se trata el trabajo? Todo eso y más lo descubrirá en el capítulo final de este libro.

# Capítulo 10: Sanación y trabajo de la luz

## ¿Qué es el trabajo con la luz?

El trabajo de la luz se trata de traer intencionalmente positividad, sanación y amor a todos [81]

A todo el mundo le vendría bien un poco de amor y positividad en sus vidas. La Tierra necesita urgentemente estas cosas. El trabajo de luz se trata de traer intencionalmente un cambio positivo, sanación y amor a todos y cada uno. Los trabajadores de la luz son las personas que eligieron nacer en la Tierra porque tenían el propósito de difundir la luz. Están aquí para elevar la conciencia colectiva del planeta. Es un trabajador de la luz si es una semilla estelar pleyadiana, seguro. Tiene que aprender a trabajar con energías espirituales y otras herramientas para ayudar a otros a despertar como usted lo has hecho.

Con su ascendencia pleyadiana, usted es responsable de ayudar a la misión de traer sabiduría, amor y luz a todos los seres de la Tierra. Hay muchas maneras en las que su empleo como trabajador de la luz puede ayudar a la causa del desarrollo espiritual. En primer lugar, no solo debe despertar y expandir su conciencia, sino que debe ayudar a otros a hacer lo mismo. El trabajo con la luz es un proceso que le permite extraer del pozo infinito de dones espirituales que yacen dentro de usted. Con estos dones, ayuda a los que le rodean a crecer y sanar del trauma que los mantiene atrapados en patrones debilitantes.

Como sabe, la sanación y el cambio son temas inevitables cuando se hace trabajo de luz. Es un agente de transformación. Su misión no es solo ascender en su viaje espiritual personal, sino ayudar a otros a hacer lo mismo para que el planeta mismo pueda finalmente evolucionar hacia lo que está destinado a ser.

Otra cosa espiritualmente significativa acerca del trabajo de la luz como semilla estelar pleyadiana es que puede difundir la compasión y el amor a todos y cada uno. Cuanto más irradie estas cualidades, más fácil será para los que le rodean emularle para que sus vibraciones también puedan elevarse. Al elegir ser el ejemplo de compasión y amor, facilita que otros creen relaciones armoniosas y, en última instancia, las mejores y más amorosas comunidades.

Usted, como trabajador de la luz, tiene la misión de servir como un ancla para que las vibraciones y frecuencias más elevadas fluyan libremente en la Tierra. Cuanto más reconozca su papel como trabajador de la luz y haga lo mejor que pueda para encarnarlo, más fácil será que la conciencia colectiva se eleve. Esto implica que la Tierra estará llena de unidad, amor y crecimiento espiritual.

Inevitablemente, usted, querido trabajador de la luz, será parte de la co-creación de la nueva Tierra. Mire a su alrededor, y está claro que la Tierra está realmente a punto de ser revisada. Su dedicación es trabajar junto a los pleyadianos para crear un nuevo paradigma de conciencia que conduzca a una mayor iluminación en la Tierra.

Si bien es bueno manifestar una nueva casa, una relación amorosa y una excelente carrera, tiene un llamado aún mayor. Usted está aquí para asegurar que la nueva Tierra se manifieste. Esta nueva Tierra está enraizada en la armonía, la paz, el amor y la evolución espiritual. Así de importante espiritualmente es su papel como trabajador de la luz.

## Características de la luz pleyadiana

*El amor y la compasión son las principales características del trabajo de la luz pleyadiana.* Como trabajador de la luz pleyadiana, sentirá una profunda conciencia de amor y compasión dentro de su corazón. Dondequiera que vaya, el amor incondicional que irradia de usted es inconfundible. Esto se debe a que después de su despertar y a medida que experimenta el crecimiento espiritual, se da cuenta de que cada ser está conectado entre sí. Por lo tanto, envía amor en todo lo que hace. Diga lo que diga, sean cuales sean las decisiones que tome, todas ellas surgen de un lugar de amor. Es intencional. Siembre una semilla de amor en cada corazón que encuentre.

*Ser un trabajador de la luz pleyadiana implica que tiene alguna habilidad o maestría con respecto a la sanación y los asuntos energéticos.* No es extraño si se siente naturalmente atraído por el equilibrio de chakras, el reiki u otras modalidades de energía para la curación y la restauración. La energía curativa fluye a través de usted sin obstáculos, y la gente a menudo puede sentir esto.

*Como trabajador de la luz, también está fuertemente conectado con su intuición.* Nunca hay un momento en el que no pueda acceder a la guía divina superior. Sabe que siempre puede apoyarse en su intuición porque está seguro de que puede confiar en sí mismo. Tiende a recibir profundas percepciones, mensajes y guía del reino pleyadiano y de otros seres de dimensiones superiores. Entiende la importancia de confiar en la intuición para descubrir su camino espiritual y ayudar a otros a despertar a quiénes son.

*Los trabajadores de la luz pleyadiana traen equilibrio y armonía a diferentes energías.* Esto significa que puede sentir cuando hay falta de armonía en la habitación. Puede darse cuenta cuando hay algo que está energéticamente apagado. Además, es notable para disipar la tensión y devolver las cosas al equilibrio. Esto se debe a que es un sanador natural; Todas las relaciones y situaciones se benefician de su presencia en ellas o alrededor de ellas.

*Como trabajador de la luz pleyadiana, es responsable de la conciencia de unidad y de la colaboración colectiva.* Usted sabe que el propósito final del trabajador de la luz solo puede cumplirse trabajando con todos. Por lo tanto, usted es particular a la hora de fomentar la cooperación y el apoyo siempre que pueda.

*Ser un trabajador de la luz pleyadiana significa que tiene conciencia multidimensional.* En otras palabras, está abierto a perspectivas que la mayoría de la gente desconoce. Además, es consciente de otros reinos y dimensiones de la existencia. Pueden ir a estos reinos y abrirse camino a través de ellos para obtener sabiduría y conectarse con los ocupantes de dimensiones superiores de ese reino. Lo que sea que obtenga de ese reino es algo que puede traer de vuelta a la Tierra para su mayor bien.

*La característica final del trabajador de la luz pleyadiana es un profundo respeto y reverencia por la Tierra.* Esto significa que le apasiona mantener el medio ambiente sostenible. Quiere asegurarse de que el mundo siga siendo verde. Se da cuenta de la importancia del equilibrio y la armonía entre la naturaleza y la humanidad. Y no tiene miedo de hacer lo que sea necesario para garantizar que el equilibrio permanezca intacto o al menos que se conserve tanto como sea posible.

Comprenda que estos rasgos también se aplican a los trabajadores de la luz de otros sistemas estelares además de las Pléyades. Sin embargo, estos a menudo se asocian con los trabajadores de la luz del sistema estelar pleyadiano. Si no sabe por dónde empezar, pida ayuda a sus guías. Es posible que deba consultar el capítulo anterior para encontrar la mejor modalidad para hacerlo.

# ¿Puedo ser un trabajador de la luz independientemente de mi religión?

Algunos argumentan que el trabajo con la luz no es algo que deba hacer si es de ciertos orígenes religiosos. Estas personas afirman que ciertas doctrinas religiosas tienen enseñanzas que no encajan con las ideas de trabajo de la luz. Por ejemplo, señalan que, dado que debe adorar a una deidad y a nadie más, no puede comprometerte con otras ideas espirituales.

Otro punto a considerar es que hay religiones que insisten en que solo hay un camino verdadero: el suyo. No pueden imaginar que pueda haber otro camino hacia la iluminación espiritual o la salvación. Debido a esta actitud excluyente, es imposible para estas personas siquiera considerar trabajar con enseñanzas y prácticas de otras filosofías espirituales.

También hay que tener en cuenta la cuestión del sincretismo: la integración de varios sistemas de creencias para formar uno completamente nuevo. Esta es la misma forma en que las religiones africanas habían sido sincretizadas para crear otras nuevas que escaparan a la detección de sus amos coloniales. Aquellos que argumentan que el sincretismo es una amenaza están preocupados porque ven el trabajo de luz como una combinación irrespetuosa de diferentes caminos espirituales.

Otro argumento en contra de la práctica de la luz es que algunas tradiciones son estrictas en cuanto a apegarse a ciertos rituales religiosos, dogmas y líderes. En otras palabras, religiones como estas no permiten la intuición ni la autorreflexión individual. Como es una práctica que requiere revisarse a sí mismo y seguir su intuición, estas religiones, argumentan, no se alinean con el trabajo con la luz.

Sin embargo, habiendo planteado todos estos puntos, debe recordar que el trabajo con la luz es algo que todo el mundo puede hacer independientemente de su trasfondo religioso. Por un lado, se basa en principios universales. Estos principios incluyen la sanación, el amor, la pasión y el servicio. ¿Cómo podrían estos principios ser la antítesis de otras religiones? Estos principios son un tema común en todas las religiones. El trabajo con la luz es simplemente la amplificación y expansión de estos principios.

Otra cosa es que los viajes espirituales son una cuestión de interpretación personal. Esto significa que las creencias religiosas, aunque aparentemente objetivas, serán interpretadas subjetivamente. El trabajo con la luz le permite reunir diferentes aspectos de varias religiones para encontrar algo verdadero para usted. Al final del día, independientemente de su afiliación religiosa, su práctica siempre será personal.

Otra razón por la que está bien que sea un trabajador de la luz, independientemente de su trasfondo religioso, es que el trabajo con la luz trata de temas espiritualmente importantes y no de dogmas rígidos. Ser un trabajador de la luz significa que entiende que hay múltiples maneras de crecer espiritualmente: ninguna religión tiene el "camino definitivo a la salvación". El trabajador de la luz elige celebrar otros caminos en lugar de denigrarlos.

Su enfoque está en la unidad y la unicidad. En otras palabras, reconoce que todas las religiones tienen un objetivo: el amor. Todas las religiones quieren que las personas evolucionen espiritualmente a mayores alturas. Y a todas las religiones les gustaría ver a la humanidad existir en armonía. Por lo tanto, es una invitación a ir más allá de las fronteras y divisiones religiosas para que los individuos puedan unirse como un colectivo.

Un último punto a considerar acerca de por qué puede y debe ser un trabajador de la luz es que le empoderará para conectarle directamente con la sabiduría y la guía dentro de usted. El trabajo con la luz trata de fomentar el cambio a nivel personal. Estará más motivado a ser proactivo en su evolución espiritual. Por estas razones y muchas más, si descubre que es una semilla estelar pleyadiana, debe abrazar su deber plenamente, independientemente de la religión en la que haya nacido.

## Técnicas de trabajo con luz

Puede usar las siguientes técnicas de trabajo con la luz.

### Meditación de sanación y transformación

1. Primero, busque un lugar cómodo y tranquilo donde no lo molesten ni lo distraigan durante al menos 10 a 15 minutos.
2. Siéntese o acuéstese, cierre los ojos y lleve su atención a su respiración. Respire profundamente unas cuantas veces para permitir que su mente y su cuerpo se relajen.
3. En el ojo de su mente, ve una luz dorada radiante que flota sobre usted. Esta luz es divina.
4. Observe esta luz descendiendo lentamente hacia usted y entrando en su cuerpo a través de la coronilla. Permita que esta luz fluya desde tu cabeza a cada célula de tu cuerpo. Observe que esta luz energiza sus centros de energía desde su chakra de la corona hasta su chakra raíz.
5. Sienta esta energía mientras limpia todo su cuerpo y mente. Además, permita que le dé energía fresca para enfrentarse a cualquier cosa.
6. Tenga la intención de permitir que esta luz continúe sanándolos y cambiándolos según sea necesario. Intente que la luz fluya hacia cualquier parte de su cuerpo que necesite ser sanada. También puede canalizar esta luz a aspectos de su psique que requieren transformación y sanación.

7. Puede permanecer en este estado de meditación todo el tiempo que quiera antes de que finalmente termine con gratitud y salga de él.

## Visualización de la luz divina y resultados positivos

1. Busque un lugar tranquilo y cómodo donde pueda sentarse sin distracciones.
2. Cierre los ojos y respire profundamente durante unas cuantas respiraciones para conectarse a tierra y centrarse.
3. En su mente, imagine una luz brillante y pura que desciende del cielo. Permita que esta luz entre en su cuerpo a través del chakra de la corona.
4. Observe esta luz divina a medida que fluye a través de su cuerpo. Siéntala mientras hace que su cuerpo sea más ligero y limpio, energéticamente y de otra manera.
5. Ahora, si hay una situación que le gustaría resolver o una persona a la que le gustaría ayudar, tráigala a su mente. Visualice esta luz divina envolviendo la situación o la persona. A medida que la luz los rodea, arregle todo lo que necesita ser resuelto.
6. Imagine que esta luz impregna la situación o a la persona con energía curativa positiva.
7. Puede continuar sosteniendo esta visión durante el tiempo que sienta necesario, y cuando esté listo para salir de ella, asegúrese de expresar gratitud a las energías que le han ayudado.

## Canalización de la sanación física, emocional y espiritual

1. Empiece por conectarse a tierra y centrarse en respirar profundamente.
2. Establezca la intención de conectarte con la luz divina que traerá sanación.
3. Ponga ambas manos en cualquier parte de su cuerpo que necesite sanar. Si no está trabajando en usted mismo, ponga sus manos sobre la persona a la que estás ayudando con la curación.
4. Cierre los ojos e imagine que la luz divina fluye a través de ambas manos y hacia esta área del cuerpo. Es pura energía curativa. Ayuda ver esta luz como un hermoso verde esmeralda.
5. Entienda que está sirviendo como un canal para esta luz divina. En otras palabras, debe confiar en que la luz sabe a dónde ir y cómo actuar en la parte del cuerpo que necesita sanación.

6. Permanezca en este estado todo el tiempo que desee hasta que sienta intuitivamente que es hora de terminar la sesión. Mientras esté en este estado, debe continuar viendo la energía divina derramándose de sus manos hacia la parte del cuerpo.
7. Salga de ella expresando gratitud. Comprenda que lo que ha hecho traerá un cambio real y positivo. Por lo tanto, en lugar de buscar señales de que lo que hizo funcionó, confíe en el proceso y deje que las cosas fluyan.

**Afirmaciones positivas para alinearse con la divinidad y reforzar las creencias positivas**

1. Saque su diario y tómese un tiempo para elaborar afirmaciones positivas en línea con sus intenciones y deseos.
2. Vaya a un lugar cómodo y tranquilo donde pueda repetir estas afirmaciones en voz alta una y otra vez para usted mismo. Tenga en cuenta que si no quiere repetirlas en voz alta, puede decirlas una y otra vez en su mente.
3. Céntrese respirando profundamente durante unas cuantas respiraciones y lleve su atención al aquí y ahora.
4. Cuando se sienta centrado y con los pies en la tierra, comience a repetir sus afirmaciones. Debe sentir la energía de ellos mientras los pronuncia. En otras palabras, debe decir en serio cada palabra.
5. Permita que el sentimiento de verdad y poder en sus afirmaciones le abrume. Si lo está haciendo bien, cada célula de su ser vibrará de emoción.
6. Haga de estas afirmaciones un hábito diario. Va a necesitar más de una sesión. Lo ideal es que nunca deje de hacer estas afirmaciones. Incluso después de haber logrado su objetivo, debe continuar usando estas afirmaciones.

**Un sencillo ejercicio de gratitud**

1. A primera hora de la mañana, tómese un tiempo para pensar en la abundancia en su vida. Hay muchas maneras en las que es bendecido constantemente. Dese tiempo y las cosas comenzarán a flotar en su conciencia.
2. Ahora, encuentre un lugar agradable y tranquilo para sentarse cómodamente y concentrarse.
3. Cierre los ojos. Inhale profundamente unas cuantas veces para que pueda sentirse conectado a tierra y centrado.

4. Ahora, recuerde todo aquello por lo que está agradecido. No importa lo insignificante que creas que es. Solo sea agradecido.
5. Al inhalar y exhalar, permita que el sentimiento de gratitud le llene de pies a cabeza. Preste atención a cómo se siente su corazón mientras dejas que este sentimiento de agradecimiento y alegría inunde todo su ser.
6. Déjese vencer por el sentimiento de aprecio por todo lo bueno que ha llegado a su vida.
7. Alternativamente, puede expresar su agradecimiento escribiendo un diario, usando una lista de gratitud o diciendo "gracias" repetidamente.

Comprenda que, independientemente de las técnicas que elija, todas son efectivas. No existe una regla estricta sobre cómo debe usarlas. Si se siente atraído a combinar varias de ellas, hágalo. Una vez más, vale la pena repetir que puede modificarlas de acuerdo a sus creencias o de acuerdo con lo que su intuición le pida que haga en el momento de la práctica. De cualquier manera, obtendrá resultados fenomenales.

# Conclusión

Finalmente, ha llegado al final de este libro. Si ha estado prestando atención y ha elegido integrar el mensaje aquí, entonces el conocimiento, las percepciones y las prácticas que ha adquirido causarán un cambio radical dentro de usted. Al elegir ser parte de la exploración pleyadiana de la espiritualidad, encontrará más de lo que es. Usted también experimentará sanación. También descubrirá que el despertar nunca termina. Este camino por el que camina es uno en el que debe sentirse honrado de estar.

A lo largo de este libro, ha aprendido todo lo que hay que saber sobre las enseñanzas pleyadianas. Ha leído sobre sus raíces cósmicas, los principios que aprecian, así como los mensajes perspicaces que la humanidad necesita escuchar con urgencia.

Lo más probable es que haya llegado a descubrir su conexión con la raza pleyadiana, su energía y cómo estas cosas afectan la evolución de su alma. Ahora, debería ser capaz de reconocer las energías que le rodean y le apoyan. Al profundizar aún más en la espiritualidad pleyadiana, experimentará una expansión en su conciencia.

Usted, alma valiente, se ha abierto a increíbles posibilidades de verdades cósmicas y reinos superiores más allá de cualquier cosa que pueda imaginar. Descubrirá en términos prácticos el poder de la compasión, la unidad y el amor en tu vida y en la vida de los que le rodean. Estos son los fundamentos de las enseñanzas pleyadianas que le ayudarán a recordar la divinidad que yace dentro de usted. Nunca más olvidará que es parte del todo.

Este libro le ha equipado con varias técnicas, herramientas y prácticas espirituales que apoyan su viaje. Con estas herramientas, descubrirá quién es y finalmente vivirá alineado con el verdadero propósito de su alma. Desde elegir trabajar con guías pleyadianos, descubrir la geometría sagrada y aprender sobre los lenguajes de luz que le ayudan a activar el ADN dormido dentro de usted, su vida está a punto de cambiar exponencialmente. Esto se debe a que, ya sea que se dé cuenta o no, acaba de aprovechar las poderosas y transformadoras energías pleyadianas, y ellas te darán todo lo que necesita para abrazar su potencial espiritual. Los cambios positivos que manifestará en su vida y en el mundo que le rodea parecerán desalentadores, pero cuando se acostumbra, *la magia sucede*.

Habiendo trazado el camino de una estrella a la otra en el sistema de las Pléyades en las páginas de este libro, debe entender que el poder del conocimiento que ha adquirido no está simplemente en tenerlo en su cabeza, sino en aplicarlo. No permita que esto sea una búsqueda intelectual. Ser una semilla estelar pleyadiana es experimentar lo que eso significa. Será un viaje personal lleno de desafíos, pero vale la pena. Trabajar con la espiritualidad pleyadiana es una invitación de su alma, ya que le pide que explores los tesoros que tiene reservados para usted. Se trata de conectarse con las energías de la luz, el amor y la armonía todos los días.

Que todo lo que ha aprendido en este libro resuene profundamente en su alma y le lleve al siguiente nivel en su viaje espiritual. Que sea empoderado para encarnar plena y confiadamente la energía de la creación de espiritualidad en cada aspecto de su vida. Recuerde siempre quién es: un ser radiante y hermoso, lleno de luz, capaz de hacer tantos cambios poderosos dentro de sí mismo y en el mundo en general.

Cada ser humano tiene papeles esenciales y distintos que desempeñar. Como semilla estelar pleyadiana, ha sido convocado para brillar tanto que todos le vean. Esto significa que debe despertar a la verdad acerca de quién es para convertirse en un agente de transformación positiva en la Tierra. Por lo tanto, se le pide que haga las paces con sus dones innatos y los comparta con todos. De esta manera, puede crear una realidad llena de armonía e iluminación.

Así que, querida semilla estelar pleyadiana, que las energías le guíen siempre. Que siempre le nutran en todos sus caminos. Que le dejen sintiéndose inspirado a medida que avanza en su viaje espiritual. Que siempre recuerde que es un ser divino y que en su corazón hay infinitas posibilidades de grandeza. Que la sabiduría, la luz y el amor de las Siete Hermanas de los Cielos impregnen siempre su vida.

# Glosario

**Activación:** Es el desbloqueo de las habilidades latentes que tiene un humano.

**Era de Acuario:** Una época astrológica que conduce al despertar de la conciencia colectiva.

**Ascensión:** Elevar la conciencia para ser aún más consciente.

**Despertar:** Tomar conciencia de la mayor parte de uno mismo y de que hay más en la vida y la existencia de lo que uno era consciente anteriormente. Es adquirir conciencia de otras dimensiones de la existencia y del alma.

**Chakras:** También conocidos como centros de energía, mantienen el sistema energético del cuerpo funcionando como debería y pueden usarse como portales para canalizar la energía de la conciencia superior.

**Canalización:** Proceso que implica la transmisión de mensajes de seres de otras dimensiones a través de un ser humano, conocido como *canal* a otros.

**Conciencia:** La conciencia del ser, que impregna todo y todos los seres que existen, conocidos y desconocidos.

**Anteproyecto divino:** El modelo del alma destinado a ser expresado a través de la vida de uno.

**Limpieza energética:** La limpieza del campo de energía natural para erradicar las energías de baja vibración y permitir una fácil ascensión y expansión de la conciencia.

**Intuición:** Guía desde el interior o desde otros seres de dimensiones superiores.

**Lenguaje de luz:** Un lenguaje basado en la energía que requiere frecuencias, sonidos y símbolos, lo que puede causar cambios en la conciencia.

**Trabajador de la luz:** Una persona que trabaja con inteligencia y energías de dimensiones superiores para ayudar al mundo a sanar y ascender en conciencia.

**Astrología pleyadiana:** Astrología utilizada en conjunción con la sabiduría pleyadiana.

**Guías pleyadianos:** Estos son pleyadianos que ofrecen a los humanos su apoyo, guía y sabiduría en asuntos espirituales.

**Pleyadianos:** Seres que provienen del sistema estelar pleyadiano con un poderoso conocimiento espiritual y cósmico para compartir con la humanidad y el resto del cosmos.

**Geometría sagrada:** Formas que forman los componentes básicos de la vida y poseen energías únicas para diversos propósitos.

**Misión del alma:** La misión que se supone que un alma debe cumplir en este mundo y en esta vida.

**Semilla estelar:** Un alma que solía ser parte de un sistema estelar (como las Pléyades, Orión, etc.) que ha encarnado en la Tierra para ayudar a la humanidad a expandir su conciencia.

# Vea más libros escritos por Mari Silva

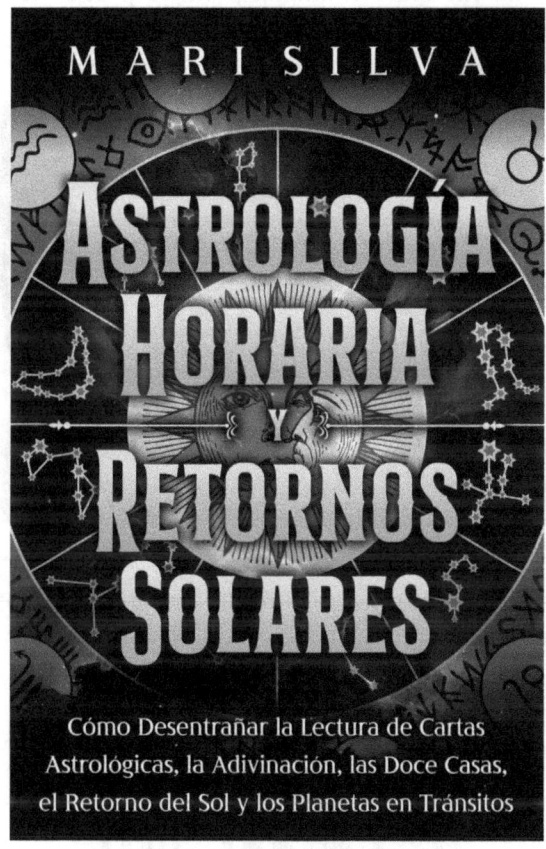

# Su regalo gratuito

¡Gracias por descargar este libro! Si desea aprender más acerca de varios temas de espiritualidad, entonces únase a la comunidad de Mari Silva y obtenga el MP3 de meditación guiada para despertar su tercer ojo. Este MP3 de meditación guiada está diseñado para abrir y fortalecer el tercer ojo para que pueda experimentar un estado superior de conciencia.

https://livetolearn.lpages.co/mari-silva-third-eye-meditation-mp3-spanish/

## ¡O escanee el código QR!

# Referencias

**Primera Parte: Semillas Estelares**

Beaconsfield, H. (1998). Welcome to Planet Earth: A guide for walk-ins, Starseeds, and lightworkers of all varieties. Light Technology Publications.

Evans, W. J. (2021). Beginner's guide to Starseeds: Understanding star people and finding your own origins in the stars. Adams Media Corporation.

Fennell, A.-S. (2015). Starseeds of divine matrix. inspirational messages from enlightened beings. Lulu Press, Inc.

Gaughan, D. (2019). Star bred prophecy: A story of star people and Starseeds awakening. Independently Published.

Hoskins, R. S. (2012). For Starseeds: Healing the heart-pleiadian crystal meditations. Balboa Press.

Lanman, A. (2019). Conscious awakening: A research compendium for Starseeds wanderers and lightworkers. BookBaby.

Lewis, B. (2018). Star beings: Their mission and prophecy. Createspace Independent Publishing Platform.

Shaman, M. T., Pestano, M., Juan, A., Lopez, M., & Bliss, S. (2019). Awakening Starseeds: Shattering Illusions vol. 1. Independently Published.

Shurka, J., Finkel, L., Messner, S., Hopkins, P. W., & Seckinger, C. (2022). Awakening Starseeds: Dreaming into the future. Radhaa Publishing House.

Sim, G. (2019). Finding yourself for Starseeds and lightworkers: Activations from 7 star races for reawakening to your galactic presence. Independently Published

**Segunda Parte: Espiritualidad pleyadiana**

Bekbassar, N. (2002). Astronomy in Kazakh Folk Culture. Paper presented at the SEAC 2002 Tenth Annual Conference, Tartu, Estonia.

Bekbassar, N. (2007). Pleiades in the Kazakh Ethnoastronomy. Paper presented at the 15th Annual Meeting of the European Society for Astronomy in Culture, Klaipėda, Lithuania, July 22-31, 2007.

CrystalWind.ca. (n.d.). The 12 Divine Pleiadian Laws - Pleiadian Light Forces. http://www.crystalwind.ca/starseed-messages/the-pleiadians/the-12-divine-pleiadian-laws-pleiadian-light-forces

Fey, T. (2022, June 5). What is a Pleiadian starseed? 29 powerful signs you are one. Nomadrs. https://nomadrs.com/pleiadian-starseed/

Feyerick, A., Gordon, C. H., & Sharma, N. M. (1996). Genesis: World of Myths and Patriarchs. NYU Press. ISBN 0814726682.

Gaia. (n.d.). Am I a Starseed? Types & Characteristics. https://www.gaia.com/article/am-i-a-starseed-types-characteristics

Gibson, S. J. (n.d.). http://www.naic.edu/~gibson

Hand Clow, B. (1995). The Pleiadian Agenda: A New Cosmology for the Age of Light. Santa Fe, NM: Bear and Company Publishing.

Hawkins, G. S., & White, J. B. (1965). Stonehenge Decoded. Doubleday.

https://www.keen.com/articles/astrology/what-is-a-starseed-and-what-does-it-mean-in-astrology

Japingka Aboriginal Art. (n.d.). Star Dreaming - Seven Sisters. https://japingkaaboriginalart.com/articles/star-dreaming-seven-sisters/

Keen. (n.d.). What is a Starseed and What Does it Mean in Astrology?

Korff, K. K. (2010). Spaceships of the Pleiades. Prometheus Books.

Marciniak, B. (2010). Path of empowerment: New Pleiadian wisdom for a world in chaos. New World Library.

Massey, G. (1998). The Natural Genesis. Black Classic Press. ISBN 1574780093.

Mayastar Academy. (n.d.). Pleiadian DNA Clearing & Activation Course. https://www.mayastar.net/pleiadiandna.htm

Monique Chapman. (n.d.). Pleiadian Earth Astrology. https://moniquechapman.com/pleiadian-earth-astrology/

Muller, W. M. (2004). Egyptian Mythology. Kessinger Publishing.

Murphy, A., & Moore, R. (2008). Island of the Setting Sun: In Search of Ireland's Ancient Astronomers. Liffey Press. www.mythicalireland.com

Natural History Museum. (n.d.). Are we really made of stardust? https://www.nhm.ac.uk/discover/are-we-really-made-of-stardust.html

Orleane, P. S., & Smith, C. B. (2013). Conversations with Laarkmaa: A Pleiadian View of the New Reality. Balboa Press.

Partridge, C. (2015). Channeling extraterrestrials: Theosophical discourse in the space age. In Handbook of Spiritualism and Channeling (pp. 390-417). Brill.

Pleiades Observing Project. (n.d.). http://www.ast.cam.ac.uk/~ipswich/Observations/Pleiades_Observing_Proj/POP.htm

Pleiadian Family. (n.d.). How to Contact Pleiadians - Part 1: The App. https://www.pleiadianfamily.net/post/how-to-contact-pleiadians-part-1-the-app

Rappenglück, M. A. (1999). Earth, Moon, and Planets, 85(86), 391-404. doi:10.1023/A:1006216413733

Ruggles, C. L. N. (2005). Ancient Astronomy. ABC-Clio. ISBN 1851094776.

Salla, M. E. (2005). A Report on the Motivations and Activities of Extraterrestrial Races-. Exopolitics. Org.

Sinclair, R. M. (2005). The Nature of Archaeoastronomy. In J. W. Fountain & R. M. Sinclair (Eds.), Current Studies in Archaeoastronomy (ISBN 0890897719).

Think About It. (n.d.). The Pleiadians. https://thinkaboutit.site/aliens/the-pleiadians/

Windows to the Universe. (n.d.). Krittika (Pleiades). https://www.windows2universe.org/mythology/Krittika_pleiades.html

# Fuentes de imágenes

1. https://www.pexels.com/photo/man-praying-under-the-tree-4049004/
2. https://pixabay.com/photos/thor-dramatic-fantasy-mystical-4225949/
3. https://www.freepik.com/search?format=search&last_filter=query&last_value=lotus-position&query=lotus-position
4. David (Deddy) Dayag, CC BY-SA 4.0 <https://creativecommons.org/licenses/by-sa/4.0>, via Wikimedia Commons: https://commons.wikimedia.org/wiki/File:Andromeda_Galaxy_560mm_FL.jpg
5. Dylan O'Donnell, deography.com, CC0, via Wikimedia Commons: https://commons.wikimedia.org/wiki/File:M45_The_Pleiades_Seven_Sisters.jpg
6. https://commons.wikimedia.org/wiki/File:Sirius_A_and_B_artwork.jpg
7. https://www.pexels.com/photo/adult-biology-chemical-chemist-356040/
8. https://www.pexels.com/photo/hands-over-fortune-telling-crystal-ball-7179804/
9. https://www.pexels.com/photo/concentrated-young-multiethnic-friends-with-map-in-railway-station-6140458/
10. Roberto Mura, CC BY-SA 4.0 <https://creativecommons.org/licenses/by-sa/4.0>, via Wikimedia Commons: https://commons.wikimedia.org/wiki/File:Arcturus_DSS.png
11. Morigan221, CC BY-SA 3.0 <https://creativecommons.org/licenses/by-sa/3.0>, via Wikimedia Commons: https://commons.wikimedia.org/wiki/File:Vega_-_star_in_Lyra.png
12. https://www.pexels.com/photo/studio-shot-of-mother-and-daughter-hugging-17049338/
13. https://www.pexels.com/photo/eye-looking-at-the-camera-3712574/
14. Christopher Michel, CC BY 3.0 <https://creativecommons.org/licenses/by/3.0>, via Wikimedia Commons: https://commons.wikimedia.org/wiki/File:The_North_Pole_(139653149).jpeg

15 htttps://www.pexels.com/photo/notes-on-board-3782142/

16 https://unsplash.com/photos/cXVkDKZ_ikE

17 https://unsplash.com/photos/9wH624ALFQA

18 https://www.pexels.com/photo/silhouette-of-people-stargazing-2901134/

19 https://commons.wikimedia.org/wiki/File:Consciousness_phenomenal-functional_.png

20 https://www.pexels.com/photo/group-of-people-holding-arms-461049/

21 https://unsplash.com/photos/TbuescuqMjA

22 https://www.pexels.com/photo/meditating-woman-standing-in-front-of-a-projection-6932066/

23 Till Credner, CC BY-SA 3.0 <https://creativecommons.org/licenses/by-sa/3.0>, vía Wikimedia Commons: https://commons.wikimedia.org/wiki/File:AquariusCC.jpg

24 Imagen de Victoria de Pixabay https://pixabay.com/photos/dna-biology-the-science-dna-helix-7090994/

25 Fred the Oyster, CC BY-SA 4.0 <https://creativecommons.org/licenses/by-sa/4.0>, vía Wikimedia Commons: https://commons.wikimedia.org/wiki/File: Astrological_Chart_--_New_Millennium.svg

26 https://unsplash.com/photos/vs-PjCh5goo

27 Centro de Vuelo Espacial Goddard de la NASA de Greenbelt, MD, EE. UU., CC BY 2.0 <https://creativecommons.org/licenses/by/2.0>, a través de Wikimedia Commons: https://commons.wikimedia.org/wiki/File: Hubble_Peers_into_the_Storm_(29563971405).jpg

28 CC0 Dominio Público https://www.publicdomainpictures.net/en/view-image.php?image=151336&picture=flower-of-life

29 Imagen de Victoria de Pixabay https://pixabay.com/illustrations/meditation-spiritual-yoga-zen-6988318/

30 https://www.pexels.com/photo/women-sitting-on-black-chairs-facing-each-other-while-having-a-conversation-9065326/

31 https://unsplash.com/photos/e3jKBZoRnTs